RUDOLF STEINER

RUDOLF STEINER

小樹文化
Little Trees

THE EDUCATION OF
WALDORF

THE KINGDOM OF CHILDHOOD
THE EDUCATION OF THE CHILD
RUDOLF STEINER

華德福
教育的本質

華德福創始人
Steiner 暢談
「身心靈全人教育」
的思考與初心

華德福創始人
Rudolf Steiner
魯道夫·史代納——著

清華大學華德福教育中心主任
成虹飛——審定

華德福媽媽
李宜珊——譯

華德福教育的本質（華德福 100 週年紀念版）
華德福創始人 Steiner 暢談「身心靈全人教育」的思考與初心

作　　　者：魯道夫・史代納（Rudolf Steiner）
譯　　　者：李宜珊
審　　　定：成虹飛
總 編 輯：張瑩瑩
主　　　編：鄭淑慧
責任編輯：謝怡文
校　　　對：魏秋綢
封面設計：周家瑤
內文排版：菩薩蠻數位文化有限公司
出　　　版：小樹文化

讀書共和國出版集團

社　　　長：郭重興
發 行 人：曾大福
業務平臺總經理：李雪麗
業務平臺副總經理：李復民
實體通路協理：林詩富
網路暨海外通路協理：張鑫峰
特販通路協理：陳綺瑩
印務經理：黃禮賢
印務主任：李孟儒
發　　　行：遠足文化事業股份有限公司
　　　　　　地址：231新北市新店區民權路108-2號9樓
　　　　　　電話：(02) 2218-1417 傳真：(02) 8667-1065
　　　　　　客服專線：0800-221029
　　　　　　電子信箱：service@bookrep.com.tw
　　　　　　郵撥帳號：19504465遠足文化事業股份有限公司
　　　　　　團體訂購另有優惠，請洽業務部：(02) 2218-1417分機1124、1135

法律顧問：華洋法律事務所 蘇文生律師
出版日期：2019年05月08日初版首刷
　　　　　　2023年05月18日初版6刷

國家圖書館出版品預行編目資料

華德福教育的本質：華德福創始人 Steiner 暢談「身心靈全人教育」的思考與初心（華德福 100 週年紀念版）/魯道夫・史代納（Rudolf Steiner）著；李宜珊譯 – 初版. -- 臺北市：小樹文化出版：遠足文化發行，2019.5　面；　公分

譯自：The Kingdom of Childhood & The Education of the Child

ISBN 978-957-0487-05-3(平裝)

1.親職教育 2.兒童教育

528.2　　　　　　　　　　108002190

華德福教育的本質
線上讀者回函專用 QR CODE
您的寶貴意見，將是我們進步的
最大動力。

Foreword

藉由學習華德福，
重新發明創造我們的教育

文／清華大學華德福教育中心主任 成虹飛

◆

很高興小樹出版社願意翻譯並出版這份史代納博士的經典文獻，讓更多朋友有機會認識華德福教育理論與其背後的人智學。若能潛心學習此兩者，不但有助於理解華德福教育的真諦，更能裨益於自身生命的發展。

然而，史代納的言論與著作，對初學者而言，往往艱澀難懂，並不容易進入。另一方面，華德福教育與人智學直指人的靈性本質與靈性世界，給人一種玄祕的印象，也容易引起一些讀者的懷疑和抗拒。

這些阻礙，筆者不但曾經歷，到現在仍需努力克服。儘管如此，筆

者過去十年來學習華德福與人智學的過程中，確實有豐富的收穫與深刻的成長，因此想不惴淺陋，分享一點學習經驗，或許對初學者有些幫助。

首先，做好心理準備，給自己足夠的時間，慢慢理解、體會、領悟。初期一頭霧水是正常現象。耐心一遍又一遍讀過原典，再加上生活的覺察體驗，原本讀不懂的，漸漸會明白。

其次，不必急著評斷。史代納有些說法超出一般人的認識經驗，可能也很難證明對錯。不必盲信，但也不必就急於否定。可以抱著聆聽的態度，甚至當作寓言故事，慢慢去咀嚼其中涵義，假以時日常會有所收穫。

再者，除了閱讀史代納的思想言論，很重要的是實際去參與相關的華德福與人智學的社群活動，例如主題工作坊、讀書會、藝術活動、節慶活動、農耕、師訓等等，尤其需要在生活中應用、實踐與檢驗史代納的主張，而不僅是當作一種抽象的哲學理論。史代納始終強調人智學是最實用的知識，而不是象牙塔裡的學術著作。

然而，**人智學並不是一種宗教，而是追求發展獨立自由心靈的學習旅程。每個人需要負起自己身心靈發展的責任，而不是盲目信奉追隨「師父」的「教誨」。**學習華德福與人智學應使我們心智更清明、情感更圓融、意志更堅實，成為獨立自由的人，創造共好的理想社會。

今年是華德福教育成立的一百週年。一方面代表華德福教育通過歷史的考驗，能夠屹立不搖，累積了豐厚的實踐經驗，能夠在全世界蓬勃發展，值得我們虛心謙卑的向它學習。

另一方面，華德福教育當初誕生的背景，是第一次世界大戰後戰敗凋敝的德國，與今天我們台灣所處的時空背景，已經有巨大的差異。尤其在二十一世紀的今天，我們的生活方式因為高科技的發達普及而急遽改變，全球化也使得人類的互動聯繫更加緊密。

同時，人類也遭遇身心靈失衡與生態環境嚴重破壞的危境。台灣還要面臨自身特有的認同議題與兩岸之間的緊張關係。

盼望這本 Steiner 演講集譯本的出版，不僅讓我們擁有更多關於華德福與人智學的學習資源，在我們學習華德福的同時，更能關注此時此地的脈絡，回應當下的處境與時代的變化，重新發明創造我們的教育，攜手走向未來。

關於華德福創始人魯道夫・史代納的
演講逐字稿

摘錄自《魯道夫・史代納自傳》（*Rudolf Steiner, An Autobiography*）

◆

長久以來，我很專注於人智學[1]的研究，也寫了一些人智學相關書籍。這些書都公開發行，一般大眾也可以買得到，同時，我也開了許多相關講座課程，來參加的學員也將這些講座課程記錄下來。一開始，這些講稿僅供學員私下流傳，所以起初的內容只有「神智學」（也就是後來的「人智學」）的學會會員能夠買得到。

---

1 【中譯注】人智學（Anthroposophy），由魯道夫・史代納創立的哲學學派。他認為人智學是一種靈性科學，希望能藉此扭轉世界過度朝向物質主義發展的現況。基於人智學理念，也發展出許多實際的應用，包括體制外教育的華德福教育、人智學醫學、有機農業當中的生物動力農法／自然動力農法（Bio-Dynamic Agriculture，簡稱 BD 農法）以及藝術當中的優律思美、形線畫，以及人智學建築。

這些講稿大多是學員記錄的講座逐字稿，我也實在沒有時間針對內容逐一校對。其實，我比較希望講座就以講座的形式呈現，但是學員很希望能將這些講稿逐字抄錄下來、分享給其他學員，因此才會有這些講稿。如果當初有時間進行講稿校對工作，一開始就可以公開發行，不會只限學員才能夠購買。事實上，這樣的限制也早在一年多前就取消了。

所以，在我的自傳當中，對此有特別說明：為何同樣都是在闡述人智學，有些書籍會公開發行，而有些書籍一開始會限制學員才能購買。

那些公開發行的書籍當中，你可以清楚的看到，也應該可以理解到這麼些年來，我努力提倡適合現今社會的人智學，其過程中所有的掙扎與努力。在那些書裡，我很明確的闡明我在現代哲學中努力扮演的角色與定位，以及我對人智學體系清楚的說明與定義。當然，這些說明與定義，某種程度來說還不夠完備。

書籍發行後沒多久，就有人提出這樣的要求，他們不再單純的想知道什麼是人智學，在了解了靈性世界之後，他們想知道要如何將這樣的理解與現今一般文化生活連結。於是，學員開始想知道「如何才能滿足我們內在以及對靈性需求的渴望」。

他們特別想要知道「如何以人智學的觀點來看聖經與福音書」。學員也強烈要求我提供這些給予人類啟示的相關課程。

為了因應這樣的個人需求，我開始舉辦講座。能夠參加這些講座的

人都是神智學會會員，因為這些學員對人智學已經有了基本認識。這些講座內容都是更進階的人智學觀念。所以說，講座中所說的方法並不一定適合「尚未了解人智學的一般大眾」，這也是為什麼有些講座內容與我公開出版的書有些不同。

也因為這些講座的場合、對象都是社群中的成員，因此在用字遣詞與表達方式，會與對一般大眾有所不同。這也是公開發行的書籍和僅供學員傳閱的講稿最大不同之處，兩者的背景是截然不同的。

公開發行的著作是經過我仔細反覆思考、字字斟酌後的成果，而講稿的內容所反應的，是參加講座的學員，其內心掙扎與努力的狀態。因為在所有的講座之前，我都會先聽取學員的需求，再依經驗回應。

不過，這些講稿資料也算是我這些年來不斷推展人智學所累積的經驗與結晶。過去沒有公開發行並不是為了獨厚學會會員，一般人如果願意閱讀這些講稿內容，也能夠從中了解到人智學的意義。所以，在大眾要求之下，我毫不猶豫的決定打破過去僅供學員傳閱的慣例，對社會大眾公開，讓大家都有機會閱讀這些講稿。但是，大家必須要先了解一點，這些講稿並未經過我的校對與修正，因此仍然有錯誤的可能性。

當然，這些錯誤的地方，應該只有對人智學已經有些了解的人，才能判斷出來。不過，講稿中大多數的內容，代表著以人智學的基礎，來理解人類以及宇宙生命，以及在人類歷史中，從靈性世界而來的知識。

從魯道夫・史代納的演講集，
看見華德福教育最美的源頭

文／小樹文化編輯部

◆

　　本書精選 12 篇華德福創始人魯道夫・史代納，於 1906 年～1924
年間，對當時華德福教師的演講內容，本書內容節錄、編譯自下列兩本
書籍：*The Kingdom of Childhood*（1995, Anthroposophic Press）第一講～第七講

　　　　The Education of the Child（1996, Anthroposophic Press）第一講～第五講

　　史代納早期演講中，涵蓋了許多透過靈性科學、人智學而獲得的教
育體悟，許多概念都必須經由自我深思與體會，才能真正理解其中心概
念。由於演講內容相當冗長，為了讓讀者在閱讀時，能夠更清楚、容易

理解史代納演講時的重點與精髓，編者在各篇章中，依照文句重點，將單篇演講內容適當分段，並且增加各段的標題、重點標示，以及增補單篇開頭引言。此版本中，也清楚標明英文版與中文版中，編譯者的注解，希望能讓讀者不單只有閱讀史代納的演講內容，在遇到特殊專有名詞與教育概念時，能夠利用增補的注解，更加方便、清楚的理解深層的涵義與解釋。

回顧百年教育最初的本心

史代納在百年前便運用那靈性的洞見，體悟到物質主義對人類成長的危害，希望透過人智學對人類最真實、務實、深刻的理解，從而發展對孩子教育、教養上的體悟。當我們用最虔誠的態度，將孩子視為一個獨立的個體，並且用好奇的心，探索這個神祕的生命之謎，才能真正看見孩子需要我們提供什麼樣的成長環境、給予最適當的教養與教育。

編者也要再次提醒所有讀者，史代納曾於自傳中說過的一段話：「不要盲目相信這本書告訴你的東西，要自己去經驗；經驗後覺得是對的，才可以相信。」

教育不該盲目的聽從外界提供的教育建議，而是要我們親自去嘗試與體會，理解這樣的教育方式的確對孩子是有益的。因此，在華德福教

育百週年的時刻，出版這本書的宗旨，並非檢視是否符合史代納曾說過的教育建言。而是希望能藉由這本書，探索史代納最初的教育根源。讓我們在這個物質主義掛帥的時代下，能夠從史代納最初的演講中，看見我們的教育初心。

Introduction

華德福教育創始人──
魯道夫‧史代納的一生

文／小樹文化編輯部

◆

　　1861 年，魯道夫‧史代納出生於當時的奧匈帝國克拉列維察地區。他的父親約翰‧史代納（Johann Steiner, 1829－1910）為鐵路公務員、母親法蘭契絲卡‧史代納（Franziska Steiner, 1834－1918）婚後便留在家中照顧孩子、打理各式家務。

　　身為家中長子，史代納還有妹妹萊奧波爾迪娜‧史代納（Leopoldine Steiner, 1864－1927），以及出生便喪失聽覺也無法說話的弟弟古斯塔夫‧史代納（Gustav Steiner, 1866－1941）。由於父親工作的關係，全家必須在當時的奧匈帝國境內不斷搬家。以當時的社會來說，史代納一家的

魯道夫・史代納出生的房子 © Croq @Wikimedia Commons。

收入並不豐足，加上失聰的弟弟需要長期照顧，這樣的身分背景，對當時負有盛名的知識分子圈裡，史代納無疑是個相當特殊的存在。

　　而在這樣貧苦的生活條件下，僅有教育，才能讓史代納能夠在成年後進入當時的知識分子圈、脫離現有的生存環境。於是，儘管家中的經濟不是相當理想，但是史代納的父親約翰・史代納，卻相當重視孩子的教育，一到義務教育年紀，便將史代納送往村子裡的小學上課。

　　值得一提的是，史代納的父親除了重視孩子能否受學校教育，也同樣重視教育品質。當史代納進入小學幾週後，卻因為背黑鍋而遭受懲

罰。這讓史代納的父親相當憤怒，也毅然決然的幫史代納辦理退學，並在忙碌的工作之餘，親自在家教導。

史代納也曾提到關於父親對於體罰的反應：

「在擔任『輔祭童』期間，我必須協助彌撒聖祭、下午禮拜、喪禮、基督聖體節等儀式進行。早上，包括我在內的幾位輔祭童在擔任輔祭工作時遲到。在這所學校，遲到的學生都會被體罰，我當時就對這樣的做法深惡痛絕，懂得躲避體罰，也總能適時的躲開……不過我的父親一想到他的孩子必須遭受體罰就會暴跳如雷，他說：『這些教會輔祭會的事情到此為止，不准再去。』……」

而注重教育的約翰‧史代納，甚至在居住於維也納新城附近的諾伊多佛鎮期間，也親自為村子裡的其他孩子與史代納上「特別輔導課」，並且讓史代納能夠到維也納新城較高等學校就讀。這對當時史代納一家的經濟能力來說，是相當不容易的事情，由此可知，史代納的父親對於教育的重視。

兒童時期：開啓與靈性世界的緊密接觸

由於父親工作的關係，年幼的史代納跟著家人四處搬家，也因此讓

他無法對當時居住的地方產生歸屬感。由於無法融入當地的環境，加上父親在車站工作，年幼的史代納便時常自己步行到車站去找父親，一座座的火車站成為了史代納的童年記憶，而史代納前去車站的途中會經過森林，年幼的史代納便在森林裡遊玩、摘野花、野果，與森林仙子、地精玩耍。據說，這樣的親身經歷，正是華德福教育裡的精靈故事原型。

7 歲時的某天，史代納在車站裡看見母親的遠方姊妹自殺的景象。史代納寫下了對這段經驗的描述：

「我母親的姊妹以悲慘的方式結束了生命（自殺），她當時所住的地方離我們家非常遠，我父母對此事還一無所知。當時我人坐在火車站的候車廳，卻看到了整起事件的經過。我在父親和母親面前略提了幾次，但是他們卻只是說：『你這個蠢孩子。』過了幾天，我看到父親收到一封信後變得若有所思。又過了幾天，父親趁我不在的時候轉告母親這件事，母親為此哭了好幾天，而我是直到幾年後才得知這個令人悲傷的消息。」

而這段經歷，正是史代納第一次的靈性體驗，然而從父母的反應中，也讓他體會自己所看見的景象，是無法與家人分享或討論的。或許正是這些童年經歷，讓往後的史代納邁向靈性科學領域。

幼年的史代納並沒有表現出特別的學習能力，甚至有學習障礙的情

況。然而，由於 9 歲的時候，他在教室裡發現了幾何學書籍，並且從中找到自己對靈性體驗的立足點。史代納也寫下：

「我期望能告訴自己，靈性世界的經驗正如物質世界一樣、並非虛幻，我認為幾何學可以幫助我們獲悉那些通常只有心的本身藉助其自身力量才能體驗到的事情……我的腦中有兩種覺察，雖然尚不明確，卻已經在我 8 歲之前的心生命發生重大的影響。對我而言，這個世界可以分成一般人可以看得到，以及一般人看不到的事物與生命。」

爾後，史代納的學習狀況漸入佳境，但是在中學時期，也發覺到學校老師都只是照本宣科的講解，於是便自己買書自學。甚至在這個時期，便已經研讀過康德的《純粹理性批判》（*Kritik der reinen Vernunft*）。然而，透澈了解了康德在書中對於「思維」的見解，並沒有真正解答史代納對於「思維如何真正闡明自然界」的疑問。他認為：

「存在於萬事萬物之中的，必然根植於人的思維裡，我一直這麼告訴自己。」

自此，史代納的觀點與康德的靜態觀察法產生了衝突。

對於正值以「唯物形式詮釋自然界」的唯物論潮流中的年輕人來說，史代納同樣順應著社會潮流，並且沒有立刻加以反駁。但是對他來

說，靈性的真實性就跟幾何學的直觀特性一樣不言自明。自然與靈性之間是什麼樣的關係，他抱著這樣的疑問，結束了中學生涯。

形塑哲學觀：與德國大文豪歌德的緊密關係

1879 年，史代納首次來到維也納，為了到維也納帝國理工學院就讀。這時候的史代納依就嘗試從哲學世界，理解自己的內在性問題。然而由於經濟因素，他同時也努力求學，為了賺取獎學金，以供給自己的基本生活所需。除此之外，他的興趣廣泛，在維也納這座華麗炫目的城市中，他同時也相當關注當時的政治、藝術與醫學發展。史代納就

學生時期的史代納（1882 年攝）
© Wikimedia Commons。

曾經多次出入維也納醫學院，而這段經歷也對史代納有著深遠的影響，讓他在很早期的時刻，便認識到當時正在發展中的精神分析、催眠實驗、古柯鹼試用實驗，以及精神疾患與療程。

維也納的帝國理工學院中，影響史代納最深的教授，便是號稱德國文豪歌德之後，最懂《浮士德》（*Faustus*）的卡爾・尤利烏斯・施勒埃爾

卡爾・尤利烏斯・施勒埃爾，讓史代納與德國文豪歌德有了緊密的關聯 © Wikimedia Commons。

（Karl Julius Schröer, 1825－1900）。剛進入大學的史代納對於歌德僅有粗淺的認識，於《浮士德》更是一無所知。然而，在施勒埃爾的課堂上，歌德與施勒埃爾的想法與理念，吸引著史代納去探索、追求；而施勒埃爾，也在課堂報告中，注意到這位年輕學子用他獨特的方式，探索歌德的作品與思想。

　　1882 年、史代納大學三年級時期，歌德・席勒檔案館正在徵求歌德科學著作的編輯人。施勒埃爾想到了這位年輕學子，便向當時歌德・席勒檔案館編輯約瑟夫・屈施納（Joseph Kürschner, 1853－1902）推薦了史代納。有了施勒埃爾的大力推薦與保證，當年九月，史代納便懷著滿腔熱血，開始了大量、繁瑣的編輯與考證工作。而這本歌德的科學著作於 1884 年出版後，也讓史代納在學術界獲得了肯定與讚許，讓史代納的學術前景希望無窮。

　　而在當時，為了介紹與評論歌德的科學著作，史代納也寫了兩本書介紹其哲學思想，同時也在期刊上發表大量文章。對歌德深刻的研究過程中，大大影響了史代納的哲學與思想觀，也讓史代納看到自己研究上

的不足。對史代納來說，歌德就像是那些讓大自然得以展現自己、從不讓大自然遭受暴力對待的研究者。歌德的研究方法、概念與理論，也成為了往後史代納發展人智學的重要種子。

忘年之交：
與藥草老人的相遇，展現最貼近自然的生存方式

1879 年，除了受到歌德的哲學觀影響，史代納也因緣際會的在車站裡認識了一位賣草藥的老人——科穀茲奇（Felix Koguzki）。這位老人立刻吸引了史代納渴求對於靈性的理解與探索，漸漸的，他從這位賣草藥老人身上，感受到了鮮活的大自然靈性。

藥草老人科穀茲奇，後與史代納成為了忘年之交 © AnthroWiki。

科穀茲奇對草藥、大自然規律的深刻認識，超越了史代納從課本中學習的知識，讓史代納深受感動，兩人也因此成為了忘年之交。這位草藥老人對大自然的體悟，也深深影響了史代納對於大自然的認知。

史代納如此形容這位賣草藥老人：

「從他那裡可以深入了解大自然不為人知的祕密，他背著的是一束束藥草，然而內心裝著的，卻是在採集過程中從大自然靈性採得的收穫。」

或許正是這一段段的生命過程，在往後成為了史代納中心哲學思想的骨架，不斷延續最貼近大自然的生活方式。

在棉花進口商擔任家庭教師時期：
開啓對教育全新的認知

1883 年 10 月，史代納在尚未結束學業、沒有參加畢業考的情況下休學。無法繼續領取獎學金的史代納，便於 1884 年 7 月前往棉花進口商拉迪斯勞斯‧施佩西特家擔任家庭教師。

這個猶太家庭共有四個孩子，但是其中最小的一個孩子患有學習障礙，被大家認為是不正常的孩子。

然而，面對這樣的孩子，史代納建議他的雙親將教養問題交給他。為了贏得男孩的好感，史代納謹慎的展開與這個男孩的相處過程，史代納敘述他如何規劃與這個孩子的相處與學習：

「這份教養任務成了我豐富的學習資源。課堂上必須採用的教學實務開啟了我對人的身、心、靈關聯性的認識。這段時間我完成了生理學與心理學的學業，我察覺到將教養與課程規劃成為一門『以真正的人之認知為基礎的藝術』之必要性。我小心翼翼的遵循經濟效益原則，為了讓整個課程內容架構可以在最短的時間內，以最輕省的心力負擔，讓小男孩能夠達到最佳的學習成效，我常常要為半小時的授課，準備長達兩個小時。」

　而這段寶貴的經歷，大大改變了史代納對教育與教學方法的認知。為了讓無法長時間集中注意力的孩子學會專注，史代納便結合了許多心理學、生理學與教育學知識，運用讓孩子運動、遊戲、把教材融入活動的方式，培養孩子的學習專注力。而這位原本患有學習障礙的孩子，也在多年後順利從大學畢業，成為了一名醫師。而後，施佩西特家也在史代納創立人智學時期，給予他許多幫助。

自由的人智學：
對人類的深刻理解，看見生命最真實的面貌

　不斷追尋靈性解答與內在疑問的史代納，在維也納期間也參與了維

也納神智學團體。然而，因為與主流神智學理念不同，1912 年，史代納與原本的神智學會分道揚鑣，並與在演講時期培養、願意跟隨他的神智學學員一同創立了新的群體——人智學。希望透過對人真實、深刻的認識、以及靈性科學的啟發，扭轉世界朝向過於物質主義的發展危害。

至此之後，史代納也開始以人智學為基礎，延伸到更實際的應用，包含華德福教育、人智學醫學、有機農業當中的生物動力農法／自然動力農法（Bio-Dynamic Agriculture，簡稱 BD 農法），以及藝術當中的優律思美（Eurythmy）、形線畫（Form Drawing）和人智學建築。

1919 年，第一次世界大戰結束後一年，史代納應當時德國斯圖加特華德福菸草工廠董事之一的埃米爾‧莫爾特（Emil Molt, 1876－1936）邀請，於工廠內開辦了全球第一所華德福學校，讓工廠員工的子女就學。自此，便開展了一百多年的華德福教育歷史。

儘管第一所學校於 1919 年開辦，然而史代納早已在 1906 年便開始一次又一次對教育者與學校提出建議。而決定開創學校之時，史代納也開始為向教師演講，探討對人的認知、教學

埃米爾‧莫爾特是華德福菸草工廠董事之一，並促使第一所華德福學校創立於德國斯圖加特 © Rudolf Steiner Archive。

方法、教案，並且實際演練、研討課程。對史代納來說，華德福學校並不是為了宣揚人智學概念。於此，他立下了華德福教育的準則：

「華德福學校不是一所極盡所能將人智學的教義塞進孩子腦中的學校……我們真心想要的，是可以透過實際的課程，讓他們得到在人智學思想領域中能獲得的內涵……我們必須對目前當下所發生的一切保持高昂興致，否則我們就不適合擔任這所學校的老師，我們不能只是想達到我們特定教學內容的任務。」

位於德國斯圖加特的第一所華德福學校一隅 © Rudolf Steiner Archive。

史代納對教師的要求極高，在華德福學校，老師沒有制式的課本、教案、教具，必須由老師靈活的想像力與創造力，以及跟孩子最真實的接觸，發展出獨屬於這群孩子、教師的教學方法。身為華德福學校的主導人，史代納卻能給教師與學校職員最大的尊重與自主權，並且不斷的從實際的教學現場中，修正自己的教育方式，同時強調讓孩子能獲得該年紀應有的能力。

歌德館：人智學的精神象徵

1913 年，史代納以人智學為基礎，於瑞士多納赫地區建造了第一座歌德館。這座令人印象深刻的建築，運用了對當時來說，相當創新的建築手法，著重在具有靈力的建

第一座歌德館（焚毀於 1922－1923 年間平安夜）
© Wikimedia Commons。

築結構與色彩。然而，木造的第一座歌德紀念館在 1922 至 1923 年間的平安夜焚毀。之後，史代納設計了一個更大、由混凝土建造的第二座歌德紀念館，這座紀念館直到 1928 年，史代納去世後才建好。而這棟建

第二座歌德館 © Wladyslaw @Wikimedia Commons。

築也被譽為二十世紀的建築傑作，並且受到瑞士國家保護，也成為了後續人智學的精神象徵。

人智學的靈性體悟：
當觀念變成教條，就失去了原本的用意

自 1919 年以來，人智學透過華德福學校、公開研討會，以及其他活動而廣開知名度，成為了各界討論的話題。然而，自 1922 年以來，與人智學會董事間的矛盾與壓力，讓史代納的健康亮起了紅燈。

1925 年 3 月 30 日，年僅 64 歲的史代納結束了他一生的課題，於瑞士多納赫地區長眠。

史代納曾在書中寫下：

「不要盲目相信這本書告訴你的東西，要自己去經驗，經驗後覺得是對的，才可以相信。」

因此不論是人智學、華德福教育等等理念上，史代納都只是提供方法與概念，而不是結論。並且也不斷的強調「最重要的是基本原則，如果把觀念變成了教條，就失去了原本的用意」。最重要的是透過自己的方式去實踐與運作，而不是先相信所有的理念。

史代納在靈性的體悟，以及對於後世物質社會危害的洞見，成為了極端物質化社會的平衡桿、引領了我們理解自身。而他所提倡的人智學，在種種領域中，

第二座歌德館內部樣貌 © Taxiarchos228 @Wikimedia Commons。

不斷的延伸與發展，於各個不同領域中，都能從人智學的理念裡，發掘出深意與內涵，在物質主義的社會中，成為引領我們追尋自我的明燈。

Appendix

魯道夫・史代納重要事件年表

◆

1861 年	魯道夫・史代納出生於奧匈帝國屬地克拉列維察（今位於克羅埃西亞），為火車站報務員約翰・史代納與法蘭契絲卡・史代納的長子。
1863 年	童年於下奧地利州的波特夏赫鎮度過。
1869 年	約翰・史代納調至維也納新城附近的諾伊多佛鎮。
1872 年	魯道夫・史代納入學維也納新城理科中學。
1877 年	開始研讀康德《純粹理性批判》。
1879 年	以優異成績通過中學畢業考，並於同年度入學維也納帝國理工學院，開始聽聞卡爾・尤利烏斯・施勒埃爾的文學課。 與藥草老人科穀茲奇相識。

1882 年	開始於歌德・席勒館擔任編輯工作，負責整理歌德科學著作。
1884 年	魯道夫・史代納編輯的歌德形態學文獻著作出版，同年也開始擔任施佩西特家的家庭教師。
1891 年	取得哲學博士學位。
1893 年	魯道夫・史代納出版其重要哲學著作《自由哲學》。
1896 年	結束歌德・席勒檔案館的工作。
1912 年	與神智學分道揚鑣，開創新興的哲學學派「人智學」。
1913 年	成立人智學會，並於瑞士多納赫地區建造第一座歌德館。
1919 年	全球第一所華德福學校於德國斯圖加特華德福菸草工廠開辦。
1922 年	第一座歌德館於平安夜燒毀。
1924 年	9 月 28 日，魯道夫・史代納舉行最後一場演講。
1925 年	3 月 30 日，魯道夫・史代納逝世於歌德館的個人工作室。

contents

推薦序｜藉由學習華德福，重新發明創造我們的教育　成虹飛　　　003

前　言｜關於華德福創始人魯道夫・史代納的演講逐字稿　　　006

編者序｜從魯道夫・史代納的演講集，看見華德福教育最美的源頭　　　009

簡　介｜華德福教育創始人——魯道夫・史代納的一生　　　012

附　錄｜魯道夫・史代納重要事件年表　　　027

Part 1　從兒童的內在，理解最真實的成長軌跡

The Kingdom of Childhood

第 1 講　真正認識人類的身、心、靈，才能教導孩子成為一個真正的「人」　　　040

（1924 年 8 月 12 日，於英國托奇鎮）

- 沒有理解孩子的「靈心」，便無法深刻的教導孩童成為一個「人」
- 教育工作的基礎，就是對人類完整的了解
- 教育，必須將一個人完整的一生都考慮進去
- 給孩子一個有彈性、能夠與心魂一同成長的知識
- 年幼孩子笨拙吵鬧的狀況，正是心魂對於身體的適應過程
- 孩子出生後的頭七年，正是形塑身軀最重要的時期
- 擁有強大力量個體的孩子，就能依照自己的特性，形塑完全屬於自己的模樣

- 7 歲前的孩子仍然受靈性世界影響，無法流暢掌控這具新的身軀
- 7 歲前，孩子尚未意識到「外在世界」，必須透過「內在」喚起他們的好奇心
- 換牙後的孩子，便開啟了對外在世界的好奇心

第2講 基於對全人的認識，發展出的華德福教育 *060*

（1924 年 8 月 13 日，於英國托奇鎮）

- 7 歲前的孩子尚未發展理解能力，而是完全模仿我們的表現
- 面對幼兒園的孩子，最重要的是展現出良好的模仿典範
- 教導孩子之前，更重要的是觀察生命本身
- 人是一個整體，每個部位都必須靈巧才能完整運作
- 孩子換牙到青春期之前，必須以想像力為教學的本質
- 老師應該要以「孩子擁有的能力」，引起他們的學習興趣
- 從生活中找到對字母的連結，進而讓孩子發展學習圖像
- 能夠讓孩子運用全身去學習的事物，才是最重要的
- 在華德福學校，教學必須富含創造力與想像力
- 華德福學校自由的教學方式，是基於對人最真實的認識
- 9、10 歲以前的孩子，教學上必須融合童話、傳奇、神話故事
- 健康的孩子，自然會用圖像方式表達、接受與學習
- 9 歲危機——當孩子開始區別外界與自我

第3講 教孩子植物與動物時，
必須讓孩子理解最真實的自然面貌 *087*

（1924 年 8 月 14 日，於英國托奇鎮）

- 讓孩子看見大自然最原始的面貌，才是最真實的植物與動物教學
- 就像頭髮是人身體的一部分，我們在教學上必須將土地與植物視為一體
- 現今的教學把事物一一分割，再也看不見全體的樣貌
- 如何教孩子植物——讓孩子理解土地與植物間的緊密關係
- 如何教孩子動物——從心魂的特質來觀察動物的特性
- 不同於動物，人類集多種特質於一身
- 人類包含著所有動物的特質，仔細分析，會看見整個動物界
- 運用人類身上看見的動物特質，讓孩子理解整個動物界
- 孩子與地球上的萬物一起成長，才能與世界產生緊密的連結
- 當動植物教學失去了根，人類也遍尋不著自己在這個世界上的角色
- 因果關係的概念，必須等孩子 12 歲以上才有能力理解
- 教師必須靠「創造力」與「自覺」，掌握整個班級

第4講 貼近孩子的內心，才能提供最適切的教學方式 *113*

（1924 年 8 月 15 日，於英國托奇鎮）

- 一開始進入靈性教學都是笨拙又彆扭，我們必須接受自己的不完美
- 教學前，老師必須有能力透過自己的感受，維持課堂中的紀律
- 經營班級的老師，必須處於「能夠真正進入孩子內心」的情緒狀態
- 了解孩子的特質，營造適當的教學氛圍
- 同一個故事，孩子可以在不同的成長階段獲得不同的啟發
- 圖像的平衡與對稱練習，讓孩子發展觀察力與想像力
- 整段式教學，讓孩子有足夠的時間消化

第 5 講　從整體來看的數學教學法，讓孩子擁有靈活的思考　　*135*

（1924 年 8 月 16 日，於英國托奇鎮）

- ·算數，必須從生活層面中學習與理解
- ·最自然的算術，是用身體運算，而非運用頭部
- ·教學必須先認識整體，再拆解為各個部分
- ·從整體開始教起，可以讓孩子的思考更加靈活
- ·教學必須讓孩子能夠得到更靈活的概念，而非死板的觀念
- ·教學時，不應過早帶入智識性與抽象性觀念
- ·畢式定理與區域重疊法，讓孩子真正內化的學習過程

第 6 講　讓孩子從內在，學習對語言真正的感受　　*159*

（1924 年 8 月 18 日，於英國托奇鎮）

- ·生命的頭七年，正是形塑身軀最重要的時刻
- ·從實際形塑的過程中，真正理解人體器官
- ·7 歲開始，孩子的感知體開始發展
- ·運用歌聲，讓孩子感受到內在樂器的運作與感動
- ·最初的音樂教育，是要讓孩子感受到音樂的美妙而非學習理論
- ·透過樂器演奏，孩子感受到內在音樂性被牽引至外在世界
- ·在 9、10 歲前，外語必須透過生活習慣養成的方式學習
- ·所有的語言發展，都源自於內心的感受
- ·用內心的感受學習語言，而不是用頭腦思考
- ·透過肢體動作來表達自我的語言——優律思美

第 7 講　教育必須盡全力讓孩子與現實生活密切連結，才能真正認識世界

（1924 年 8 月 19 日，於英國托奇鎮）

- 了解孩子的成長三階段，給予適當的學校教育
- 12 歲以上的孩子，課程仍要盡可能的與生命及現實生活有所連結
- 學習如果從抽象的知識開始講起，孩子很快的就會覺得疲憊
- 教師必須根據「當下主導孩子發展」的身體系統來進行教學
- 圖像式的教學，就是運用節律系統學習的方式
- 引導孩子思考的問題，一定要在現實上是有意義的
- 不論教育或遊戲，都必須讓孩子從實際生活中去模仿
- 教師會議，讓老師深入了解學生的特色與個性
- 確保每位孩子，都能接受這個年紀該有的學習內容
- 老師必須深刻的理解孩子的學習狀況，而不是單用數字區分

Q & A 問答集　華德福教育面臨的教學困難

（1924 年 8 月 20 日，於英國托奇鎮）

Q1 乘法與除法的教學方法，差異之處在哪裡？還是說，在小學一年級時，兩者的教法應該要完全相同？

Q2 孩子到了哪個年齡階段，才能將四則運算的教學從具體轉為抽象？又要用什麼方式來教呢？

Q3 何時才能開始教孩子用線條繪圖？要如何教呢？

Q4 外語教學上應該使用直接法，而不用翻譯法教學，拉丁文與古希臘文，是否也同樣適用？

Q5 應該要怎麼教「體操」（Gymnastics）？又是否可以教孩子一些體育

活動，例如曲棍球（Hockey）及板球（Cricket），如果可以，那麼要怎麼教呢？

Q6 對於不同年紀的孩子，要如何給予宗教課程？

Q7 在一所以英語為母語的學校中，是否應該從一開始就上德文課與法文課？如果孩子4、5歲時就入學，是否也該上外語課？

Part 2　從靈性科學，探討兒童教育的真諦

The Education of the Child

第1講　從孩童的精神發展，理解靈性科學在兒童教育的重要性

226

（1906年5月14日，於德國柏林）

- 想了解人類未來，就必須先深入了解我們的潛在本質
- 現代科學將人類對世界的認知，侷限於一般感官所能感受到的事物
- 生命體，讓身體得以生長、繁殖並且讓體內的重要液體流動
- 感知體，傳達痛苦、快樂、衝動、渴望、熱情等等感受
- 自我，讓人類擁有更高層心魂的載體
- 強大的「自我」，能夠透過自身的力量來改變感知體
- 了解人類的發展定律，尋求正確的教育與教學
- 人類必須經歷三次出生，才能成為最終的自由人
- 模仿與榜樣，讓孩子與周遭環境建立關係
- 用最自然的玩具，形塑孩子的想像力大腦肌肉
- 從周遭環境，培養孩子的健康本能

- 當孩子換牙後，才能從外部對生命體進行教育
- 換牙至青春期之間，教學仍然要以圖像或象徵的方式呈現
- 智識學習，只是人類學習方法的其中一項
- 對於換牙期至青春期的孩子，必須避免灌輸智識性概念
- 寓言故事教學，讓孩子從精神面感受世界
- 將靈性科學，運用在實際的教學現場
- 內在生命必須先累積足夠的生活經驗為基礎，才能發展判斷能力

第 2 講　以靈性觀點為基礎的教學 275
根據人類身、心、靈發展，建構出的全人教育觀
（1906 年 5 月 14 日，於德國柏林）

- 教育，不能只依靠物質主義思維，而是考慮到孩子身心靈全人發展
- 教導 7 歲前的孩子，我們必須「以身作則」、「身體力行」
- 面對 7～14 歲的孩子時，要建立基本生活習慣、促進記憶力發展
- 靈性科學絕非不切實際，而是生命運作最好的引導

第 3 講　從靈性科學看教育 290
用最細緻的覺察，看見孩子生命成長軌跡
（1906 年 12 月 1 日，於德國科隆）

- 從組成人類的四大元素（物質體、生命體、感知體、自我體），理解教育的本質
- 孩子的生命體與感知體尚未成熟之時，要避免外界對其影響
- 依照年齡、性格，給予孩子適當的外在影響力
- 教育者必須以能夠增進發展中器官健康，並能夠發展內在力量的方

式對待孩子

- 當生命體的保護膜褪去，就是感受權威、自信、信任以及崇敬的時刻
- 所有的教學，都必須深入的從心魂角度看見孩子的需求
- 青春期，孩子的感知體獨立，開始學習批判性思考
- 靈性科學，讓老師得以有更細緻的覺察力，給予孩子適切的教育

第4講　從靈性科學看見教育最真實的樣貌 308
人類的成長軌跡，不僅僅是物質身體的成長，還包含了心魂的發展
（1907 年 1 月 24 日，於德國柏林）

- 人類演變階段年齡對照，讓我們更理解人類成長軌跡
- 學校就是生活的一部分，教學不該只是口中說明，而能讓孩子真正體驗

第5講　興趣、天賦與兒童教育 318
從孩子成長的心魂中，看見他們最真實的興趣與天賦
（1910 年 11 月 14 日，於德國紐倫堡）

- 觀察、追蹤孩子的生命，看見他們真實的天賦與興趣
- 跳脫「遺傳」的限制，看見孩子本身獨特的樣貌
- 對教育工作者來說，最重要的教育方法，是根據孩子自身特殊性發展
- 我們必須在社群中養育孩子，讓文化在他們的身上扎根
- 回溯孩子過去的經驗，可以讓老師的教學更有力

．個別化的遊戲，才能讓孩子產生內心的力量

．當愛與內在發展連結，讓我們有足夠的能力以適當的方式思考生命

附　錄｜運用區域重疊法證明畢式定理　　　　　　　　　　　　156

附　錄｜重要詞彙中英對照表　　　　　　　　　　　　　　　　342

第一部

THE KINGDOM OF CHILDHOOD

◆

從兒童的內在，
理解最真實的成長軌跡

最真實、實際的教育，必須是最貼近孩子生活的方式。因為孩子學會的，不是我們說什麼，也不是我們教導了什麼，而是我們真正成為什麼樣的「人」。

真正認識人類的身、心、靈，才能教導孩子成為一個真正的「人」

（1924 年 8 月 12 日，於英國托奇鎮）

當我們對人類的身、心、靈都有真實且深刻的理解後，我們才能回答：當孩子來到人世間，我們到底該怎麼做，才能發掘上天賦予他的特質？

親愛的朋友，聽到你們將在英國以人智學為基礎創立學校時，我感到非常開心。這可能是教育史上十分重大的一件事。這樣的話聽起來可能會讓人覺得不夠謙虛，但是以人智學為基礎的教育這門藝術，將會為教育帶來非常重大的改變。同時，我也非常高興能看到有這些教師，深刻認知到以人智學為基礎的教育特質，並且開始組成教師學會。

我們並不是因為充滿了改革的狂熱，才會在這裡談論教育改革，而是我們感受到整體人類文明及文化生活中的演變，已經來到需要改革的階段了。

當然，我們也充分意識到，在十九世紀中，有不少傑出人士為教育做出許多貢獻，特別是在過去這幾十年。這些傑出人士的改革行為出發點良善，也勇於嘗試各種不同的方式，然而，最缺乏的卻是「對人類真正、根本的了解」。從十五世紀以來，整個人類社會及生活各方面，都充斥著物質主義，這些教育理念又都是在這個時期產生。因此，也確實無法對人類有真正的了解，這些「沒有穩固基礎」的教育改革，就顯得不切實際。這樣的教育理念與法則，都是建立在個人情緒與主觀上認為「生命應該如何而來」。然而，當人來到人世間，我們到底該怎麼做，才能發掘上天賦予他的特質？這是一個只有對人類有完整理解後，才會發出的問題，而這樣抽象的問題，也唯有對人類的「身」（body）、「心」（soul）、「靈」（spirit）都有真實而深入理解為基礎，才能夠具體回答。

沒有理解孩子的「靈心」，便無法深刻的教導孩童成為一個「人」

在現代，由於先進發展的生物學、生理學和解剖學，我們對人類「身體」（body）的知識與了解十分充足；但是若是談論到對「心魂」（soul）的認識，就顯得一無所知。以目前的社會來說，心魂所代表的僅

僅是一個名詞而已。即便在一般心理學中，對「思考」（thinking）、「情感」（feeling）、「意志」（willing）也是一無所知。

我們常常聽到這三個詞被大眾使用，至於思考、情感、意志在人的心性上會起什麼樣的作用，卻毫無概念。所謂的心理學家對於思考、情感、意志的理解，實際上也是十分粗淺的。就好比一位生理學家談論肺臟與肝臟，卻沒有仔細區分孩子的內臟與老人的內臟有什麼樣的不同。

我們在生理學上的科學十分先進，所有的生理學家都知道小孩肺部與老人肺部之間的差異，甚至小孩頭髮和老人頭髮的差異都會被注意到。然而，談到思考、情感、意志時，卻只是三個不代表任何真實意義的名詞。例如，人們並不了解在心魂中的「意志」，代表的是「年輕」，而「思考」代表的是「年老」；事實上，當「意志」長大了，就成為「思考」，也就是說「意志」是「思考」年輕時的樣貌。因此，**與人類心魂相關的所有事務，都同時蘊含了青春與年老。**

即便在年幼孩子的心魂中，也同時存有著年老的「思考」和年輕的「意志」，這些都是實實在在存在的現象。但是直到現在，仍然沒有人對人類的心魂有著與人類身體一樣的了解。因此，對於做為教育兒童的老師來說，必然會非常的無助。就如同一名無法區分孩童和老人生理上

差異的醫生，肯定會感到十分無助。然而，一直以來都沒有一門研究人類心魂的科學，教師當然也就無法像現代醫生談論身體一般的談論心魂。說到靈性就更不用談了，根本被視為不存在的東西！它除了是不代表任何意義的名詞外，沒有人能夠說明這到底是什麼。

今日社會對人類尚未有完整了解。即便如此，大家也很自然的感覺到，現在的教育有許多不完善、需要改進的地方。這一點也沒錯，但是如果對人類一無所知，又能從何改善呢？因此才會說：**所有關於教育改革的理念與想法，出發點都是良善的，卻沒有對人類有完整的認知。**

教育工作的基礎，就是對人類完整的了解

在我們的圈子中，也可以看到這一點。現今，只有人智學可以幫助我們了解人類。我並不是從任何教派或盲從的立場來說，但事實就是：唯有透過人智學，才能夠完整的了解人類。

很顯然的，教學工作的基礎，就是對人類完整的了解，所以教師當然需要具備這樣的知識，而人智學就是獲得這些知識的途徑。因此，當被問到「什麼才是新式教育方法的基礎」時，我們的答案就是：「人智學。」但是，即便在我們的圈子裡，仍有許許多多的人在盡其所能的否

定人智學，並且倡導以非人智學為基礎的教育理念。

　　一個古老的德國諺語說：「我想洗澡，但不想要弄濕身體！」現在有多少事情都是帶著這樣的心態在進行的，這完全行不通，因為言行思想必須是一致的。如果有任何人問你：「要如何才能成為一名好老師？」答案是：「必須以人智學作為基礎。」你不能否認人智學，因為這是唯一能夠真正認識人類的途徑。

　　現今文化並沒有完整理解人類。我們有許多理論，但是對於世界、生活以及人，卻沒有實際的洞察與理解。有了實際的洞察與理解後，才能腳踏實地的生活。然而，現在這些腳踏實地的生活，卻都是不存在的。

　　你可知道，現在最不實際的人是誰？不是科學家，雖然說大家都看得出來他們在生活上的笨拙與無知；其實最糟糕也最不實際的人，就是那些「被認為很實際」的工商人士及銀行家。雖說科學家在生活上的笨拙與無知，表面上在這些人身上好像看不到，但是他們卻是以理論思考來影響、控制著大家的生活事物。今日的銀行，就是完全建立在這樣的理論之上，一點也不實際，但是人們卻沒有注意到這一點，他們會說：「這就是務實者的工作模式。」於是，大家開始適應這樣的模式，卻沒有思考到這樣「不實際的工作模式」造成的傷害。因此，**現今社會中所**

謂的「實際生活」，事實上卻是一點也不切實際。

只有當越來越多破壞性的事情發生、摧毀文明生活時，大家才會注意到這一點。如果這種情況繼續下去，那麼世界大戰必定會發生。實際上，世界大戰就是出於這種不切實際的想法，而戰爭只是個開始。所以，最大的關鍵就是：人們不能夠繼續沉睡下去，特別是在教學和教育方面。我們的任務就是要引入一種能夠照顧到人類身、心、靈的全人教育，讓大家都能夠意識，並了解這三個重大要素。

在這堂短期課程中，我只能著重在身、心、靈最重要的部分，以做為教育和教學上的明確方針。這是我應該做的。但首先，我的第一個要求，就是大家要確實將人當作一個整體來觀察，包括他的外表。

教育，必須將一個人完整的一生都考慮進去

現今教育的基本原則，究竟是如何被建立的呢？人們先觀察孩子，然後說孩子就是這樣或那樣，所以必須學習這一些東西。接著，就思考「什麼樣的教學方式，可以讓孩子快速學習」。但是實際上，孩子到底是什麼？一個人的孩童時期大約就是十二年，或者更長一些。但這不是重點，重點是：這個孩子總有一天會成年，要將生命當作一個整體來看

待。教育不能只注意到兒童時期，而是必須要將一個人完整的一生都考量進去。

　　假設學校裡有位臉色蒼白的孩子。那麼，這個孩子為何會臉色蒼白，對我來說就是一個要解開的謎。臉色蒼白的原因可能有好幾個，而接下來的描述，可能是原因之一：

　　　　孩子可能是臉色紅潤的來到學校，但是「我對待孩子的方式」可能導致他臉色變得蒼白。這時，我就必須承認這一點，並且能夠判斷他臉色變化的因素：「是不是我的教學讓這個孩子耗費過多的心力，或讓孩子過度使用他的記憶力？」

　　如果我不願意承認這樣的可能性，或者如果我是一名短視的老師，並且認為孩子臉色蒼白與否，都不能改變我的教學方式，那麼孩子的臉色勢必會繼續蒼白下去。

　　當這個孩子 50 歲的時候，發現他得了原因不明的心血管硬化症，這很有可能是因為我在他 8、9 歲時，過度損耗他的記憶力所造成的結果。你要知道，50 歲的他和 8、9 歲的他，是不可分割的，都是同一個人。所以我必須知道，我正在教導的這個孩子，四、五十年後，他會如何變化？**生命是一個整體，生命中的每一個階段都是緊緊相連的。也正**

因如此，光是了解兒童時期是不夠的，必須完整了解人的一生。

給孩子一個有彈性、能夠與心魂一同成長的知識

接著，老師又費盡心思的對每件事物下一個最好的定義，讓班上的孩子都能夠牢牢記住這些知識、認為只要孩子能夠記住，就可以了解。比如說：獅子就是這個樣子，而貓就是那個樣子等等。但是，大家是否想過，一個人從出生到死亡，是否必須用同樣的角度與知識來看待所有的事物呢？我們這個時代，大家都沒有意識到「心魂也需要一個成長的過程」！如果在孩子小的時候就給予一個所謂「正確」的知識（當然「正確性」是很重要的！），然後期待他這一生永遠保持這樣的想法不變，就好像我在孩子 3 歲的時候買了一雙鞋子給他，然後接下來每一年，我都幫他買相同尺寸的新鞋。

相信大家很快就會注意到，孩子的腳長大了，相同尺寸的鞋子再也穿不下了。如果要勉強將孩子已經長大的腳，硬是擠進太小的鞋子，未免太過殘酷！當我給孩子一個「無法和他的心魂一同成長」的知識時，這是同樣殘酷的事情。在孩子還小的時候就給他一個永久定型的知識，這意味著孩子得將逐年成長的心魂，硬是擠進無法隨著他成長的知識

裡。與其給孩子一個死板制式的知識，不如提供孩子具有彈性、能夠隨之成長的概念。

當有人要挑戰這一個觀點時，你可以這麼回應他們：「教育並不是一個抽象的概念，因此我們必須將一個人當作一個整體來考量，畢竟人是活的，會逐年成長。」

年幼孩子笨拙吵鬧的狀況，
正是心魂對於身體的適應過程

當你對人的生命有正確的概念、把人的一生看作是緊緊相連的整體時，才能夠意識到「不同年齡層之間，是如此的不同」。孩子在第一次掉牙以前和之後，是非常不同的。當然，這不是我們隨意下的判斷，而是經過非常仔細的觀察生命變化，就可以看到孩子在掉牙前後的不同。

掉牙前，在孩子身上可以清楚的看到：他仍然受到出生或受孕前，在靈性世界中的生活習慣影響。孩子的身體就如同心魂本身，因為孩子在 7 歲前，從靈性世界所帶來的氣息仍然很強烈。你可能會說：「這樣的心魂還真是糟糕啊！孩子精力過剩、吵吵鬧鬧、奇怪又手腳笨拙，什麼都不會。難道他們前世的心魂就是這樣的嗎？」

親愛的朋友，我們來想想：如果在座知書達禮的各位，突然被放到一間攝氏 62 度的房子裡，並且得一直待在那不能離開，任誰都無法忍受！對於剛來到這個世界的心魂來說，突然來到一個全然不同的世界還多了一個身體，這一切對孩子來說更困難了，必須花點時間來適應。這就是為何孩子會有這些行為。

如果仔細觀察並記錄下孩子每天、每週、每個月的成長，就會發現他們的臉部表情從懵懂到漸漸清晰、動作也會越來越靈活。這表示孩子正逐漸適應周遭環境，從前世帶來的心魂也漸漸和身軀相互融合，真正做回他自己。用這種角度與方式來觀察孩子，就能理解孩子的種種行為，也會明白這正是孩子從前世所帶來的心魂，與身軀相互適應的過程。

因此，對於了解靈性奧祕的人來說，觀察孩子的成長是一件美妙又愉快的事，可以從中看到天界的樣貌。

一般所認知的「乖孩子」身上，我們可以觀察到：他們即使在嬰兒時期，身軀已經顯得沉重，他的心魂無法承受身軀的重量。這樣的孩子很安靜、不會尖叫，也不會橫衝直撞，他們通常靜靜坐著不動、不吵不鬧，因為這些孩子的身軀對心魂產生了抵抗，所以心魂在他們的體內無法活躍發展。所以說，所謂的「乖孩子」，都是因為身軀對他們的心魂有抗拒的情形。

而「比較不乖」的孩子，總是會發出許多健康的吵鬧聲。他們有時會大吼大叫，給大人添不少麻煩。雖然笨手笨腳的，但由於剛剛才來到人世，他們的心魂仍然非常活耀，因為心魂正努力與他們的身軀磨合、正在使用他的身體。**孩子瘋狂的吼叫、吵鬧聲，可能會讓你覺得非常疑惑。其實，你所看到的，是孩子因為心魂與身軀相互磨合的過程中，必經的混亂。**

　　是的，親愛的各位，作為一個成年人真的比一個孩子容易多了，因為我們的身體已經準備好，不會對我們的心魂產生抗拒。但是，這對孩子來說就很困難，他們也無法意識到這樣的困難，因為意識仍在沉睡、尚未醒來。然而，如果孩子帶著前世的意識來到這個世上時，他很快就會意識到這樣的困難。對於這些孩子的生命來說，會是一場可怕的悲劇，因為孩子來到這個世界之前，已經習慣那些構成他靈性生活的精神體（spiritual substance），也知道要如何應付這樣的精神體。

　　每個孩子都在為他前世所需要面對的業力（karma）做好準備，過去累世的果報，都完整的保留在這些精神體中。而現在，這些過去的果報要跟著孩子一起來到這個世上。我想簡單談談這些事情，也請原諒我把這些事情說得如此稀鬆平常，但事實也確是如此。當一個人來到這個世界上時，必定得選擇一個軀體投胎。

這個身軀是經過好幾代人所準備的。一對父母有了兒女，他們的兒女又有了兒女，就這樣一代一代下去。每個透過傳宗接代所產生的軀體，都會有一個精神體進駐。而每一個進駐的精神體，必須在這個軀體中成長發展。然而，當精神體進駐軀體的時候，就得立刻面臨與過去完全不同的環境。這時候的精神體，披上了一件由好幾代人為他準備的軀體。

孩子出生後的頭七年，正是形塑身軀最重要的時期

儘管來自靈性世界，人類依然可以對物質身體工作，所以心魂與身體並非完全不合。但是在大多數的情況下，確實很難找到完全符合心魂所需的身軀。心魂和軀體不合身的程度，就如同一雙不合手的手套，你會想立刻把它丟掉，絕對不想要穿戴它。但是，當你從靈性世界來到人世間時，必定需要一個身軀，只得接受它直到換牙為止。事實上，**每七到八年，我們的外在物質身軀，就會有一次蛻變，或者說，至少在基本的部分會有所改變。**

例如：我們更換乳牙以後，恆齒就會跟著我們一輩子。但是，我們的其他身體器官並非完全如此。只要人生在世的一天，有些比牙齒更重

要的器官，每七年就會蛻換一次。如果牙齒也能夠這樣每七年蛻換一次，我們每七年就會有一副新的牙齒，這個世界就不需要牙醫了。

某些硬的器官保持不變、軟的器官不斷更新。在我們生命的頭七年裡，身體是由外在的自然環境以及父母等所賜予，而這個身軀是一個雛形。而心魂就像是藝術家，將父母所賜與的第一副身軀，慢慢的在掉牙前雕塑出第二副身軀。這項完整的雕塑過程，大約需要經歷七年的時間。到了大約 7 歲左右，第二副身軀開始顯現。現今，許多關於遺傳的科學研究，其實都只有一知半解、與現實不符。我們出生時，從父母那裡所得到的身軀，實際上只會在人生頭七年跟著我們。而在這個七年之間，這個身軀其實也在逐日汰換，直到換牙時才完成汰換程序。這個時候，第二副軀體在此時完全長成。

擁有強大力量個體的孩子，
就能依照自己的特性，形塑完全屬於自己的模樣

一些在誕生時就比較虛弱的個體，當他們在換牙前形成第二副軀體時，只能完全仿照原有的第一副軀體去形塑。也因為如此，大家就會說這一切都是遺傳的結果。然而，事實並非如此。人的一生中，只有在前

七年的第一副身軀，才是真正來自遺傳；爾後的第二副身軀，則是由每個人獨特的個體，將第一副身軀雕塑而來。然而，虛弱的個體沒有足夠的精力，只能按照第一副身軀來複製。

孩子出生的時候，只要觀察他們的牙齒，你可以明顯看到他從父母遺傳而來的許多特質。有些孩子可能從父母那裡遺傳到了較脆弱的牙齒，但由於他們是有強大力量的個體，加上適當的發展，換牙後的恆齒會明顯健康許多。有些孩子即便到了 10 歲，仍然像是 4 歲，我們就可以知道孩子的第二副身軀完全是複製第一副身軀而來。而**擁有強大力量個體的孩子則完全不同，他們能將父母給予的軀體塑形，依照自己的特性、雕塑成一個完全屬於自己的模樣**。

這些都是必須注意的事情。僅僅討論遺傳學是無法解決任何問題的，你必須了解生命完整的經過。今日科學所謂的「遺傳」，只適用在人生的頭七年。在那之後，我們所繼承的其實是自己的自由意志，即便第二副軀體是複製第一副軀體而來，第一副軀體也已經隨著換牙同時，被汰換掉了。

7 歲前的孩子仍然受靈性世界影響，
無法流暢掌控這具新的身軀

從靈性世界所帶來的靈質（soul nature），其實是非常強大的。也許剛出生的時候，因為還在適應人世的環境，看起來有些笨手笨腳。然而事實上，仔細觀察孩子的一切，即便是最調皮搗蛋的一面，都非常有趣。當然，我們仍然得要求孩子遵守一些常規，而不是任憑他們調皮搗蛋；但是，透過孩子，我們能夠更清楚的看到「與身體結合的過程，對人類的心魂是怎樣的折磨」。孩子的心魂往往必須進入一個不合身的軀體中，如果你注意到這個過程，就能了解這個景象有多麼悲慘。當你開始了解、進而有意識的觀察孩子的身體是受心魂所控制，就能理解孩子所面臨的考驗：他們得想辦法掌控這些複雜的骨骼和筋脈，還要完全適應這樣的身體。這真是嚴酷的考驗。

然而，孩子對於自身歷經的這一切過程卻是一無所知，因為守護神要保護孩子，刻意不讓孩子意識到。但是身為教師的我們，則要清楚的認知：「在你面前的這個孩子，是帶著上天給予的心魂來到這個世界，必須以最深的敬意來看待與觀察這個孩子。最重要的是，你不但應該要認知到這一點，還必須將此放在心上，以此為出發點來肩負起教育工作者的任務。」

人在靈性世界與在地球上的生活方式，有著非常大的差異。教師應該要能夠看出：站在他們面前的孩子，仍然受到靈性世界的影響，只是現在多了難以掌控的東西——身體。因為在靈性世界中，是沒有這個東西的。

7歲前，孩子尚未意識到「外在世界」，必須透過「內在」喚起他們的好奇心

除了一些科學家和醫生以外，這個世界上大多數的人們，對於自己的身體內部並不那麼理解。這些科學家和醫生確實很了解人體內部構造，但是你會發現，大多數人甚至連自己的心臟的位置都不知道，常常會指錯地方。如果隨便問一個人左右肺葉的差別是什麼，或者要他描述十二指腸長什麼樣子，我們可能會得到很多有趣的答案。

在人進入世間之前，我們不太會注意到外在世界，反而對內在靈性的存在更感興趣。從死亡到新生的期間，我們的注意力幾乎完全集中在內在靈性生活上。前一世的生命經歷造就了我們的業力，然後依著這個業力，我們發展心魂的內在生命。我們對內在靈性生命的注意力，遠超過對世俗知識的渴望與好奇。然而，我們卻對於外在世界一無所知。這

就是為什麼剛剛出生的年幼孩子，對於這個世界上的事物如此懵懂。

另一方面，出生前，我們與外在世界是完全融為一體的，內在生命就是全世界，也因此沒有「內在」與「外在」的區別。正因為如此，所謂的外在都包含在內在裡面了，我們自然對外在世界不感興趣。

所以在生命中的頭七年，我們會發現孩子的注意力如同來到人世前一樣，他們學習走路、說話與思考。如果刻意喚起孩子對某個字的好奇心，你會發現反而讓孩子失去學習的興趣。**如果想要讓孩子保有對知識的渴望與好奇心，你必須讓孩子與你融為一體，就像是你活在孩子體內，而不是用自己的預設立場來激發他們的好奇心。**

這個階段的孩子，注意力都放在自己的內在。你要在孩子身上創造出一個圖像，而這個圖像必須像是「孩子透過自己的手，所創造出來的」。也就是說，你是孩子身體所延伸出來的一部分。接著，當孩子過了換牙時期，進入 7～14 歲的階段，就可以仔細觀察到孩子的求知欲及好奇心開始一點一點顯現出來。你必須小心謹慎的注意到：好奇心是如何漸漸的在孩子的內在發展出來。

幼小的孩童還只是個笨手笨腳的小動物、還不會問問題，若想讓孩子對某件事物留下印象，你就得成為那件事物。**這時候的孩子就像是袋**

子裡的麵粉，對周遭環境不會有任何質疑。你想把他塑造成什麼樣子，他就是什麼樣子。這樣的形塑過程不是出於孩子的好奇心，而是因為你真實的，與這個孩子合為一體。從孩子的內在去塑造孩子的模樣，就像用手指在一袋麵粉上留下手印。

換牙後的孩子，便開啟了對外在世界的好奇心

當孩子開始換牙的時候，就會看到情況有所變化了。你可以注意到孩子會開始問問題：「那是什麼？」「星星有眼睛嗎？」「為什麼天上有星星？」「奶奶，妳的鼻子為什麼是歪的？」各式各樣的問題開始出現，對周圍的事情也開始感到好奇。你必須細膩的去感受在換牙之後，孩子在好奇心以及注意力上的改變。這些特質會在這幾年逐一顯現，作為教師的我們，必須隨時準備好迎接它們。

你必須依著孩子的內在本性來決定要怎麼做。我的意思是，**你必須對孩子換牙後甦醒的那些特質，保持高度的興趣。**

許多特質在這之後就會開始陸續出現。孩子有著好奇心，但這樣的好奇心還不帶有知識，因為此時的孩子還沒有智力上的發展，指望 7 歲前的孩子就開始發展智力，根本就是搞錯方向了。

這時候的孩子仍存有許多夢幻的想像，而這樣的想像世界，正是我們需要極力營造的。這實際上是「心魂專用乳品」（milk of the soul）的概念。嬰兒出生後需要母乳，這就是嬰兒的食物，它含有成長所需的所有養分。到了孩子換牙後、準備進入學校時，我們同樣得提供他們所需的養分，不同的是，需要養分的是孩子的心魂。也就是說，教學內容不能彼此分離，所有孩子所學的，必須是完整的教學內容。

　　換牙後，孩子就開始需要「心魂專用乳品」。**如果把「讀和寫」當作兩個各自獨立的課題來教導時，就如同將母奶用化學方式將裡面的營養成分分離，然後各自在不同時間餵食嬰兒不同的營養成分般的不合理。**所以說，讀和寫一定要當作整體來教導。教導剛開始上學的孩子時，你必須把這種「心魂專用乳品」的概念帶入教學工作。

　　而要實現這樣的概念，得靠藝術性的教學才能達成。所有的教學都必須帶有藝術元素在裡面。明天的演講，我會更完整的說明「如何透過繪畫來教導孩子寫字」，再以同樣的藝術形式引導孩子閱讀，最後再以藝術性的讀和寫，導入簡單的算術。這些教學都必須融為一體。孩子在上學後，就是以這樣漸進提供「心魂專用乳品」的方式，培養他們的技能。

　　接著，當孩子來到青春期階段，他們需要的就是「靈性專用乳品」

（spiritual milk）。這對現代人來說是非常困難的，尤其是在這樣物質化的時代，根本沒有靈性可言。製造出「靈性專用乳品」是一項十分艱鉅的任務，但是如果老師無法挑起這樣的任務，就意味著那些正經歷青春期各種挑戰的學生，只得靠自己撐過了，因為現今社會上，根本找不到任何「靈性專用乳品」。

今天，我只簡單做一些介紹，並且提供大家思考的方向。明天，我們繼續進入更多的細節。

基於對全人的認識，
發展出的華德福教育

（1924 年 8 月 13 日，於英國托奇鎮）

孩子本身就是一個感知器官，完全映照出周遭的人的模樣。所
以說，最重要的是要意識到：我們在孩子面前做的一言一行，
都會一點一滴的進入他們的靈性、心魂，以及身體，影響他成
為一個什麼樣的人。

我昨天說到，孩子的發展是如何隨著換牙而開始有徹底的改變。
事實上，我們所謂的遺傳或遺傳性特質，只有在生命第一週期
才有直接影響。但完整的說法應該是：嬰兒在誕生時，父母賜予了身體
最初的雛形。之後，這具身體內的有機體，就在接下來的七年之間逐漸
汰換重建，直到開始換牙，第二副軀體才算完整成形。

　　如果孩子帶著脆弱的心魂來到人世，他的第二副軀體就會和出生時
所遺傳得到的軀體很像。如果孩子有著強健的心魂，我們從他換牙到青

春期的期間裡（大約是 7～14 歲），就會發覺在孩子身上已經看不太到遺傳的特性。孩子會變得完全不同，包括身體外在及身形，也都大不相同。

這真的是一件很有趣的事情，心魂的特質在第二個生命週期階段開始展現出來。在第一個生命週期，也就是開始換牙之前，我們可以形容孩子本身就是一個「感知器官」（sense-organ），而且真的就是字面上的意思。

7 歲前的孩子尚未發展理解能力，
而是完全模仿我們的表現

以人的眼睛和耳朵為例。這樣的感知器官有什麼樣的特質呢？這些器官會敏銳的感受外部世界的印象。如果觀察眼睛，就可以看到它們是怎麼運作的。7 歲前的孩子就像眼睛。現在，我們就從這一點來思考：我們看到的東西，會在眼睛裡面呈現相反的影像。而這是我們在一般物理學所學到的——所有外部世界的景象，在眼睛裡都會完整的以影像來呈現。物理學告訴我們的，就到此為止了。然而，關於眼睛這個感覺器官，圖像形成只是第一步，仍屬於表面的物理現象。

如果物理學家對這個圖像做更精細的觀察時，就會發現這些影像會

影響眼球內脈絡膜層的血液循環。整個脈絡膜的血液循環，會隨著眼睛所見的影像而自動調節。一般的物理學並不會去考慮如此細微的過程。然而 7 歲以前的孩子就像是眼睛，如果孩子身處的環境中發生了某些事情，例如：有人非常生氣的在發脾氣。這樣憤怒的景象就會完整映照在孩子的內在。生命體（乙太體）[1]會將這樣的影像轉換成圖像，再透過身體的血液循環以及代謝系統，將這個憤怒的圖像傳遞到全身。

孩子 7 歲以前就是如此，他體內的有機體會隨著環境調整。當然，這些轉變絕非一夕而成，其中會經過許多細微的變化過程。但是，如果孩子的成長過程中，有個脾氣暴躁的父親或老師，孩子的血脈系統就會朝著憤怒的脾性發展。在兒童發展早期所種下的這種脾性，將會影響到他往後的一生。

這些都是對幼兒來說，最重要的事情。你所說的、教導的內容，孩子還無法理解，只是在模仿你所說的話。所以說，真正影響他們的，是你這個人。你的好，會散發出一種好的氣質；而你的壞脾氣，也會散發

1　【中譯注】生命體（life-body），又稱「乙太體」（etheric body）或「以太體」。魯道夫・史代納的理論中，人類生命由四個主要層次體構成，分別是：物質體、生命體、感知體、自我體。其中，「生命體」是超越人類物質身體之上，以一種生命力在植物、動物，以及人類身體中運作，進而產生生命現象的重要組成。

出脾氣暴躁的氣質。簡單來說，你的個性以及所有的一言一行，都會直接映照入孩子的內在，對他們產生影響。這點非常的重要！孩子本身就是一個感知器官，完全映照出周遭的人的模樣。所以說，孩子是否能學到這個、那個、是非善惡……這些都不是重點。最重要的是要意識到：我們在孩子面前做的一言一行，都會一點一滴的進入他們的靈性、心魂，以及身體。因此，你在孩子面前的言行舉止，會決定他們未來一生的健康狀況以及發展的方向。

面對幼兒園的孩子，
最重要的是展現出良好的模仿典範

許多專家會建議「要和幼兒園孩童一起做的事情」。其實，這些建議大多是沒有什麼幫助的。目前的幼兒教育理念所主張的「幼兒園應該教的東西」，許多都太過「聰明」了。你可能會被這些十九世紀發展出來、精心設計的幼兒課程所深深吸引。毫無疑問，孩子肯定能在那裡學到很多，甚至可能學會閱讀、老師可能會讓孩子玩字母填空的拼圖遊戲。這一切看起來都非常聰明，很容易就讓你相信這些教學方式非常適合幼兒園的孩子。但是事實上，這樣的方式一點用也沒有，它沒有任何價值，反而會傷害到孩子的心魂。這樣的傷害，會直接影響到他們身體

健康。這樣的幼兒教學方式，完全弱化了孩子未來的身心發展。[2]

　　相反的，如果孩子來到幼兒園中，唯一要做的就是跟著你、模仿你所做的一切，而你所做的事情，都是孩子出於心魂本能就能夠模仿的事情，如同他們在靈性世界時習慣的方式。如此一來，孩子自然就會變得和你一樣，但是你一定要注意自己的言行舉止、必須作為一個好的典範。這是孩子 7 歲以前必須特別注意的地方，而不是用「說教」的方式。

　　如果總是板著一副臉孔，孩子就會覺得你是一個性情乖戾的人，對孩子來說是一生的傷害。這就是為什麼做為一名教師，必須要對人以及人的生命有非常透澈的觀察，特別是對年幼的孩子來說，這一點非常的重要。**任何教學計畫，都比不上你是一個什麼樣的人來得重要。**在這個年代，想出任何課程是非常容易的，因為大家都非常的聰明。我這句話並不是在諷刺，這個年代的人真的都很聰明。每當有幾個人聚在一起討論、決定教育應該要這樣、那樣做的時候，總是會有很聰明的教案產生。我從未見過任何愚蠢的教育課程，這些構想總是非常聰明。但重要的是，學校裡的教師，必須能夠以我所說的教學方式去進行。你一定要

2　【中譯注】在德國，孩子 7 歲以前的學校都叫幼兒園（kindergarten），包括台灣托兒所年紀的孩子，也都是史代納這邊所説的「幼兒階段」。

有這樣的觀念，因為很多事情都得靠這樣的方式來教導孩子，特別是那些仍然處於「用感官學習階段」的年幼孩子。

教導孩子之前，更重要的是觀察生命本身

過了換牙期後，孩童就不再像以前一樣「全然是個感知器官」。其實孩子到了 3、4 歲的時候，這樣的特性就已經在慢慢的減少。不過在此之前，一般人都不會注意到。當我們吃到甜的或酸的食物時，舌頭以及上顎會嚐到味道，然而年幼的孩童喝牛奶時，他們全身都會嚐到牛奶的味道，因為這時候的孩子本身就是個感知器官。我們有很多的例子可以用來說明年幼的孩子是用全身去感受。

年紀較大的孩子深受成年人的影響，所以到了 15、16 歲或 20 歲左右，很多事情他們已經司空見慣、不稀罕了。但是年紀小一些的孩子，仍然可能保有「整個人就是感知器官」的特性，儘管生命並沒有那麼簡單。

有一個小男孩，當有人給了一個他很愛吃的東西時，一般人吃東西只會用口，然而這個小男孩不僅是口，手和腳也會一併朝向那個食物而去。事實上，小男孩呈現的，就是「整個人是一個味覺器官」。而值得

注意的是，在 9、10 歲的時候，這個男孩在優律思美（Eurythmy）[3]有很出色的表現與了解，因為小時候奮力迎向食物的狀態，進一步的幫助後來「意志力器官」（will organs）的發展。

我說的這個例子，並不是在開玩笑，而是要以實際的例子讓你們了解要如何去觀察孩子。我們很少聽到有人討論這些事情的關聯性，但這些的確都不斷在發生。**人們沒有意識到這些生命的特性與現象，只一味想「如何教育兒童」，忽略了應該去觀察生命本身。**

人是一個整體，每個部位都必須靈巧才能完整運作

生命中的每個細節都非常有趣，從早到晚，即便是非常細微的事情也都很有趣。例如，觀察人們如何將梨子從水果碗中拿出來，就會發現大家拿出來的方式完全不同。有些人會將梨子從水果碗中拿出，然後先放到自己的盤子裡；而有些人從水果碗拿出一片梨子後，就直接放入口中。從這裡，就可以觀察出每個人的個性。

3　【中譯注】由魯道夫‧史代納發展而出的「優律思美」，是一種和諧的韻律舞蹈，也是華德福教育中重要的表演藝術。

如果教師都能夠培養出這樣的觀察能力，現今學校常見的那些令人憂心的事情，就不會發生了。大多數的孩子，握筆方式都不正確，因為老師不知道該如何正確的觀察孩子。這是一件非常困難的事情，即便在華德福學校也一樣，而孩子的握筆方式經常需要大幅調整。**你必須永遠記得「人是一個整體」，每個部位都必須靈巧，才能完整運作，所以教師必需能夠觀察孩子生活中的每一個細節。**

　　如果你是個喜歡遵循原理定律的人，那麼這就是教育這門藝術的第一原則：**你必須觀察到任何、以不同形式呈現的生命。**

　　關於這方面是學無止境的。例如，你可以從孩子的背後觀察他們走路的模樣，就會發現有些孩子走路的時候，是整個腳掌著地的走、有些孩子是踮著腳尖走，而有些孩子的走路方式，是在這兩者之間。是的沒錯，要教育孩子，你還必須非常準確的觀察到他們的走路方式。

　　對於「整個腳掌著地走路」的孩子來說，從這麼細微的生理表現，就可以知道這些孩子的前世有著強韌的生命力，並且對許多事務都充滿了興趣。你可以從這樣的孩子身上，發掘出許多隱藏的天分。而喜歡「踮腳尖走路」的孩子，前世的生活可能比較浮華，從他本身能夠發掘的可能有限。面對這樣的孩子，你反而要特別注意：自己要多做一些有意義的事情、做為榜樣讓孩子來模仿你。

孩子換牙到青春期之前，
必須以想像力為教學的本質

孩子換牙的過程中，同樣要仔細觀察他們的變化。換牙後，孩子會從原本的感官動物，漸漸的發展出夢幻想像的本能，你隨時都要考量到這樣的特性，即使在進行遊戲玩耍的時候也一樣。但是，在現代這樣強調物質主義的社會，常常是反其道而行的。

我們就拿現在常常讓孩子玩的漂亮洋娃娃來說，這些娃娃的臉部非常細緻，有著完美的臉型、粉紅色的雙頰、仿真的頭髮，躺下的時候，還會跟著閉上用來假裝睡覺的眼瞼。除此之外，還有很多說不完的小細節！但是，這樣的娃娃卻扼殺了孩子的想像力，讓孩子沒有任何想像空間，也無法從中享受到想像的樂趣。如果只是簡單的用餐巾紙或手帕製作，用墨水點兩點當作眼睛、一點當作嘴巴，接著做出兩隻手，這樣的娃娃卻可以提供孩子許多的想像空間。

這樣的玩具，給孩子許多機會發揮他們天馬行空的想像力，讓孩子能夠發展出「假裝」的遊戲。給孩子玩的東西，盡量不要是所謂「漂亮」的成品。我上面所說，市面上賣的那種有仿真頭髮的洋娃娃，它的美十分膚淺，而且事實上一點也不好看，完全沒有美感可言。

不要忘記，**大約在換牙前後，孩子開始進入想像與夢幻時期。在這個年紀裡，生命充滿了想像，而不是知識**。作為教師的你，也必須發展這樣充滿想像力的生命、對人有真正的理解，而且任何人都能夠做到這一點。事實上，當我們真正理解「人」的時候，就能輕鬆釋放心魂的內在生命、臉上綻放出笑容。不悅或憤怒的臉色，則是來自於對人的不理解。當然，一個人的身體出現病痛時，臉上當然也會出現病容，但是這並不會影響到孩子。當一個人打從內心真正了解人的本質時，完全可以從面容一覽無遺，而這就是好老師的要件。

所以從孩子換牙到青春期之間，你必須以想像力為教學的本質。因為 7 歲以前的孩子全然是感知器官的特質，到了 7 歲以後，開始漸漸的內化、往心魂走。感知器官沒有思考能力，而是透過影像接收外界訊息，或者應該這麼說：它們將看到的外部世界，以轉換成圖像的方式來接收。即便孩子的感官體驗已經提升到心魂層次時，它仍然還不是「思考」而是一個「圖像」，只是一個心魂圖像、一個想像的畫面。因此，教學必須從圖像開始著手。

老師應該要以「孩子擁有的能力」，
引起他們的學習興趣

　　如果你要教的東西對孩子來說是全然陌生的，那麼至少要有圖像協助。例如，現代使用的無論手寫或是印刷形式的字母，對孩子來說都很陌生。他們與所謂的「字母 A」之間，並沒有任何關聯。為什麼他們與 A 應該要有關聯？又為什麼要對所謂的 L 感興趣？這些 A 以及 L，對孩子來說都是非常陌生的。當孩子進入學校時，必須開始學習這些東西，結果卻是對於這些正在學習的東西沒有任何感覺。

　　如果我們又要求他們在換牙之前就開始學習這些事情，例如給他們玩字母拼圖，要求他們能將字母拼圖拼上。對他們來說，我們給的這些「完全沒有連結的東西」，根本就超過了孩子所能理解的範圍。

　　孩子在這個年紀擁有的是藝術感，以及對圖像的創造、想像能力。老師應該要以「孩子擁有的能力」引起他們的興趣，這也是你必須變通的地方。要避免直接拿傳統字母表來教學，而是要採以生動且富想像力的方式，帶領孩子在課堂中經歷人類歷史文明的各個階段。

　　古時候有所謂的「畫圖記事」，也就是說，人們以圖畫的方式做書

寫紀錄，以作為提醒之用。你不需要研究人類文明的發展歷史，但是若將古人在象形文字中要表達的意義與精神傳達給孩子，會讓孩子對這堂課程感到很自在。

例如：德文的「Mund」（嘴巴）這個詞。可以先讓孩子畫一張嘴、塗上紅色，然後要他們說出這個字。但要告訴孩子：「先不要完整說出這個字，只要先發出最開始的音『M』。」

這時候，你可以從上嘴唇的形狀找到「M」的形狀（見右圖）。如果按照這個流程，孩子一開始畫的嘴巴就可以演變出「M」這個字母。

這才是書寫真正的起源，雖然說，今天這些字母的樣貌已經完全看不出來是從圖像演變而來，文字已經隨著語言發展而演變到現在的形式。但是追溯到源頭，每個發音都有一個代表的圖像，而每個圖像也代表著一個意義。

你不需要去追求「到底這個字母的原始圖像長什麼樣子」，而是可以發揮自己的創造力，發展出屬於自己的一套。老師必須具有創造力，而且這樣的創造力必須以事物的原始精神作為基礎。

我們拿「Fish」（魚）這個詞為例。先讓孩子畫出一隻魚，然後讓他們唸出這個單字開頭的「F」，接著，你可以把「F」這個字母從魚的圖像漸進勾勒出來（見下圖）。

只要夠有創意，所有的子音都可以找到對應的圖像。這些都可以用「描繪到圖繪」或「圖繪到描繪」的方式來表現。對於時下的教學方式來說，這樣的方式麻煩多了。孩子花一、兩個小時畫完了以後，就得再花時間把黑板清乾淨。但是就是得這麼做，別無他法。

所有字母學習，都是從圖像而來，而這些圖像又是從日常生活中而來，我們一定要用這樣的方式來教學。**無論如何，千萬不能先教閱讀，一定要從不斷的繪畫開始，然後從圖畫中勾勒出所有字母，接著才能進入閱讀。**

從生活中找到對字母的連結，
進而讓孩子發展學習圖像

仔細觀察四周，你一定會發現日常生活中，許多東西都能和這些子

音字母連結。所有的子音，都可以找到一個以它開頭的單字來做演繹。母音就沒那麼容易了，但仍然可以參考以下的方式。

你可以對孩子說：「看看那美麗的太陽！你一定會很喜歡它的；我們一起站起來欣賞那美麗的太陽。」然後讓孩子站起來、抬起頭伸出雙手一起發出讚嘆的聲音：「Ah!」（啊！）這時，你就把這個動作畫出來。這其實就是希伯來語的「A」，發音與這個讚嘆聲一樣也是「Ah」（啊）。接著，再把它逐漸轉換，變成英文字母中的「A」（見下圖）。

因此，只要給孩子的東西能夠符合孩子內在心魂的特質，就能按照前面所說的方式，從「讓孩子模仿一個姿勢或動作」發展母音的演變，這就是優律思美的重點所在。

優律思美對於字母教學會很有幫助，因為這些發音都已經帶入優律思美的姿勢與動作之中。以「O」為例子。當你擁抱一個心愛的東西，那個姿勢就會出現「O」的字型（見左圖）。所以母音的部分，可以從很多動作、姿勢中找到連結。

因此，一定要運用大量的觀察力及想像力，孩子就能夠從那些身邊

日常的事物中，學到這個字母以及發音，一切都要從圖像開始。這些字母會長成我們現在看到的這個樣子，其實當中歷經了一些歷史演變，而這些都是從圖像簡化而來的。但是，從現今這些看似神奇符號的字母中，我們再也看不出原來的圖像是什麼樣子了。

當這些所謂「優秀人種」的歐洲人剛剛到美洲時，當時的美洲仍然只有被視為「野蠻人」的印地安人。當這些印地安人看到歐洲人寫的字母時都被嚇跑了，因為這些字母對他們來說，看起來就像是帶有魔咒的符號。即便是在十九世紀中的現在，還是會有這樣的狀況發生。而這些印地安人認為，這些「白臉的」（當時印地安人稱歐洲人「白臉的」），都是靠惡魔的符號來相互交談溝通。

這些字母對孩子來說，就是這樣的感覺。字母對他們是毫無意義的，孩子會覺得這些符號有點恐怖，這也沒錯。它們也確實變成魔法的一種，因為這些字母都只是符號而已。

所以你必須從圖像開始，讓孩子了解這並不是一個魔法符號，而是真實的東西，一切都要從這裡開始。

能夠讓孩子運用全身去學習的事物，才是最重要的

很多人反對讓孩子「太晚開始學習閱讀和書寫」。這都是因為直到今日，大家仍然不知道太早讓孩子學習閱讀和書寫會造成多麼大的傷害。孩子早早就能開始寫字是一件非常糟糕的事情。**現代的閱讀和書寫方式，實際上要是年紀再大一些的孩子才比較合適（大約 11 或 12 歲左右）**。在這之前的孩子，若能夠不要學讀寫，對往後的發展就越有利。比起 7、8 歲就已經能夠書寫流暢的孩子，對於到了 13、14 歲都還不太會書寫的孩子來說，在靈性方面的發展並不會比較落後（我自己就是一個例子，因為我在那個年紀還不太會書寫）。這些都是身為教師的我們必須要注意的事。

照理來說，這些是我們應該遵守的原則。雖說孩子是在華德福學校就學，但終究是生活在這個社會，你勢必無法完全按照這些原則去做。但是，只要對此有完整的理解，就會發現可以做的還有很多，而最重要的是具備這些理解。要知道，在孩子學會寫字之前就教他們識字是大錯特錯的。學寫字的時候，如果是按照前面所說從繪圖著手的方式教學，孩子是全身投入學習，無論是手或是身體全都參與其中。而閱讀卻只用到頭部，任何只會用到部分身體來學習的項目，都應該盡可能越晚教越好。

一個很重要的原則，就是**要以能夠帶動全身去學習的事物為優先，而只運用到部分身體去學習的項目則是其次。**

在華德福學校，教學必須富含創造力與想像力

想當然耳，如果是以這樣的方式來教學，就不能指望有一套詳細設計好的教材，而我只能提供你一個可以遵循的方向。但是，從人智學觀點發展出來的教育方式，卻讓你有足夠的自由能夠發揮，而這樣的自由也包含了教育工作者的自由創作。

幸運的是，華德福學校的辦學算是很成功，雖然我也不太確定這樣是否能夠稱之為「成功」。我們學校開辦的時候，大約有 130～140 位學生，而這些學生都是來自於埃米爾・莫爾特（Emil Molt, 1876－1936）工廠員工的孩子[4]。當時，這些孩子某種程度上算是「強迫入學」的孩子，雖然也有一些是來自於人智學家庭的孩子。

然而，在短時間之內，這所華德福學校的規模已經成長到八百多位學生，以及 40～50 位老師。這到底算不算是一種成功，是很難說的。

---

4 1919 年，第一所魯道夫・史代納學校是由埃米爾・莫爾特建立，他是德國斯圖加特的華德福菸草工廠的董事之一，第一批學生則是工廠員工的孩子。

也因為這樣的成長速度，要能清楚看見孩子的全貌越來越困難。接下來，我會講到華德福學校的教學安排，很快你就會發現：要能清楚的看見全貌有多麼困難。不過，我稍後也會告訴大家窺其全貌的一些方法。

在這所學校中，每個年級都有一個以上的班級，特別是五、六年級各分成 A、B、C 三個班級。而這幾個班級的學生人數，也比其他班級的學生人數還多。

A 班會有一位主帶老師，B 班會有另外一位主帶老師。我們想像一下，如果這是在一般「正常」的學校會有什麼情景。走進一年 A 班，你會看到老師正運用「目前大家認為最好的教學方式」進行課程；然後你走進一年 B 班，你看到的景象將會和一年 A 班幾乎一模一樣，唯一不同的是下面坐著不同的孩子。兩個班級都在做幾乎一模一樣的事情，因為兩班老師所運用的都是所謂「正確的教學方式」。當然，這些都是經過謹慎思考後設計的教案，為的就是傳遞知識本身，除了知識以外就沒有別的了。

然後在華德福學校裡，你看不到這樣的景象。走進 A 班的教室，你可能會看到一位男老師或女老師正在教孩子寫字。老師會讓孩子以不同的線條畫出各種形狀，然後塗上顏色，透過繪圖的方式來教導孩子字

母；B 班老師喜歡用不同的方式來教，你可能會看到 B 班的老師正在用舞蹈的方式，讓孩子用身體的姿勢表現出字母的樣子來學習。你永遠不會在 A、B、C 三個班級裡，看到一模一樣的教學方式。同樣的東西，然而教學方式卻可以有全然不同的樣貌，這是因為課堂裡必須充滿自由的創造力與想像力。

華德福學校沒有制式的教學方式，但是都需要符合一致的教學精神，了解這樣的精神是非常重要的。**教師是完全自主的，在符合教學精神之下，教師可以完全按照自己認為適合的方式來教學。**你可能會說：「是的，但是如果每個人都可以隨心所欲的教學，那麼整個學校將會陷入混亂的狀態，五年 A 班可能正在做天知道是什麼事情，而五年 B 班可能正在下棋。」但是，在華德福學校卻從來沒有發生過這樣的事情，雖然教學是全然的自由，但卻以同樣的教學精神貫穿，**每個班級的教學活動都必須適合且呼應不同年級孩子的需求。**

華德福學校自由的教學方式，是基於對人最真實的認識

如果你讀過《華德福教學課程》（*Seminar Course*）一書，你就會看到

教師擁有最大的教學自由，然而所有教學內容，都必須是適合該班孩子年紀的課程[5]。奇怪的是，沒有任何老師反對這樣的方式，他們都欣然接受以這樣的教學精神做為一致的原則，也沒有人反對或希望有其他的做法。相反的，老師常常會在教師會議中盡可能的討論：在不同的班級，應該要進行什麼樣的教學。

為什麼老師不會反對這樣的課程安排呢？學校也已經這樣運作好幾年了，你認為是什麼原因，讓所有老師能認同這樣的課程安排？其實，答案就是因為：他們找不出不合理之處。他們發現，**這樣的教學方式最棒的地方，就在於它非常的自由，而這樣的自由是基於對人真實的認識。**

而學校應該具有的自由氛圍，從老師發揮想像所創造出來的教學內容就能看到。確實，學校老師都能感受到這樣的氛圍，而不只是從他們所思考或是想像中發掘。在教師會議中或是進班觀課的時候，我都能強烈感受到：這些老師一旦進入教學現場時，他所做的並不是在執行事先所設計好的教學計畫，而是透過實際教學現場的過程寫下他的教案。

---

5 在 1919 年，第一所華德福學校開辦之前，史代納同時開了幾堂課程給老師，有兩門課程後來有文字紀錄並發行，一本書名為《人學》（*Study of Man*），另外一本名為《實用教學》（*Practical Advice to Teachers*）。

當我們以「對人真實的認識」為基礎來工作時，就會有這樣的成果。我說的這些細節，你們可能會覺得我是老王賣瓜，然而事實上並非如此。而是當你了解它真正的樣貌，就能夠根據那個樣貌去做。這只是要讓你看到：只有本於對人有真實的認識而產生的一切，才能真正的進入孩子的內在。

9、10 歲以前的孩子，
教學上必須融合童話、傳奇、神話故事

我們的教學必須建立在想像力上。你一定要清楚了解：9、10 歲以前的孩子還無法區分「自我」與周遭環境。出於某種本能，孩子早已習慣稱自己為「我」，但實際上他們所謂的「我」，卻是與整個世界連為一體的。然而，人們對這樣的現象做了一個有趣的注解。他們說：「遠古的人認為天地萬物都有靈魂，也就是說，對於無生命體他們都會賦予生命或意識。」接著他們說：「要理解孩子，就必須把他們當成這些遠古人類般，孩子也會『賦予』周遭所有物體生命。」

但是這樣的說法並不正確。實際上，孩子不會「賦予」這個物體生命，但他們也確實還無法區分生命體與無生命體。**對於孩子來說，世界**

上的所有一切都是一體的，而他們自己與整個世界也是一體的。直到9、10歲以後，孩子才能真正了解「自己是獨立於周遭環境的個體」。唯有在教學時將這一點考量進去，才是真正建立於適當基礎上的教學。

因此，當對孩子說到周遭一切事物的時候，無論是植物、動物、甚至是石頭，都會將它們當作人類一般，自然的相互交談、彼此訴說，孩子與周遭事物之間也有愛、有恨。你必須發揮創意，用擬人的方式將植物及動物都當作人一樣。

這並不是要你刻意從理論角度，把這事物講成它們都具有生命，而是單純的，在孩子還無法區分生命與無生命體之間的差別前，以他們所能夠理解的方式來講述。對孩子來說，他們仍無法理解為何石頭沒有靈魂而狗卻有。他們能夠發現這兩者的不同點就是「狗會動而石頭不會動」，然而還無法將這樣的不同和靈魂做連結。所以，這時候你可以將所有事物當作和人類一樣，有感受、有生命、能思考、能彼此交談、有同情心、有喜惡。所以，**教導這個年紀孩子的一切事務，必須以融合童話、傳奇、神話故事的形式說給孩子聽，而這類故事中，萬物都是有情感的。**

大家一定要牢記，用這樣的方式來滋養孩子心魂中，本身就具有的想像力，這也是奠定孩子靈性生命基礎的最好方式。

健康的孩子，自然會用圖像方式表達、接受與學習

面對這個年齡層的孩子，如果填塞了一堆各式各樣智識性的教學（如果無法將所有東西以圖像方式來教學，就會出現這種狀況），日後將會對孩子的血管和血液循環產生很大的影響。你必須將孩子的身、心、靈視為一體，這也是我不斷反覆強調的一點。

為了能達成這樣的教學任務，老師的心魂中必須同時兼具藝術感與藝術性。這不僅是指你「想出了什麼」，或是「灌輸給孩子什麼樣的概念」。在我看來，這是一種無法量化的生命特質，而老師就在不知不覺中傳遞了許多訊息給孩子。

老師一定要注意到這一點，尤其是說著充滿情感的童話與傳說故事的時候。在現在這樣物質主義掛帥的年代，常常會發現「老師其實根本不相信他自己所說的故事內容、認為這些都是很幼稚的東西」。這時候，我們就要從人智學的角度來真實的了解人類——若將一件事情轉換成圖像的方式來表達，會比解釋抽象概念來得更清楚、更完整。**一個健康的孩子，很自然的會想用圖像方式來表達；同樣的，也以圖像的方式接受、學習一切事物。**

這就是歌德（Johann Wolfgang von Goethe, 1749－1832）[6]小時候學鋼琴的方式。老師教他彈鋼琴時，主要是向他展現如何運用拇指、食指等等，但是歌德很不喜歡這種教法，而他那十分老學究的鋼琴老師，當然也對他很反感。歌德的父親是法蘭克福的老派學者之一，當然也比較喜歡這些老派的教師，認為他們才是好的老師。偏偏，年幼的歌德對這樣的教學反感的不得了。歌德認為這樣的教法太過抽象，所以自己發明了一種方式，把食指取名為「Deuterling」（意思是「那個指東指西的小傢伙」），「食指」太過抽象了，但是形容成喜歡指東指西的小傢伙，就具體多了。

孩子需要圖像，他們也把自己想成一幅圖像。這也是教師必須運用想像力及藝術性來教學的地方：**要以「鮮活的心魂」來互動，才能真正與他們產生交集**。而這樣的方式對孩子的影響是無比深遠的。

透過人智學，你會學習到再次相信那些傳說、童話故事以及神話，因為這些故事其實是將更高層次的真理，以充滿想像力的圖像方式來傳達。當你對孩子訴說著這些傳說、童話故事以及神話時，這些故事就會充滿了心魂的特質，你對這些故事深信不疑，都會讓真理從你所說的一

6　【中譯注】德國偉大戲劇家、詩人、自然科學家、政治人物，為德國古典主義代表人物。

字一句中自然流露。這時候，真理就會在你與孩子之間相互流通。然而，老師一旦出現了「這些孩子真愚蠢，我才是聰明的。我會說故事給他們聽，只是因為孩子會相信」的內心情緒，在這樣的情況之下，即便這些故事確實是孩子需要的，然而老師此時說故事的方式已經跟著內心情緒而產生了不同氛圍，言語之間就會將智識性的元素帶入故事當中，無法達到跟孩子說故事的目的了。

換牙期到青春期之間的孩子特別敏感，對於老師的教學究竟是出於想像力還是智識性，能夠很快感受到。**智識性對這個階段的兒童具有破壞性，會削弱他們的能量；而想像力則能夠給孩子帶來生命力以及衝勁。**

將這樣的基本觀念融入，成為你的中心思想很重要。在接下來的幾天裡，我們會更細談這個部分，在今天課程結束之前，我還要再說一件事情，並且以此做為結尾。

9 歲危機──當孩子開始區別外界與自我

孩子到了 9、10 歲之間，會有一個特別重要的變化。抽象的說，孩子在這個時期開始能夠區別自己與周遭環境的不同；他們開始感受到那

個「我」，而周遭的環境與事物是屬於外在的，並不屬於那個「我」。但是，這是一個非常抽象的說法。當然，我們得用一般人所能理解的方式來說明。

這個年紀的孩子遇到一些問題或困難的時候，他會來找你，然而大多時候，他們並不會也無法告訴你真正困擾他們的事情到底是什麼，而會說一些不相關的事情。但是你得去了解他們內心深處、真正想問的問題或困難是什麼，然後幫他們找到對的方式、給他們真正的答案。

孩子的未來，有一大部分就取決於這個時期。作為老師，面對這個年紀的孩子，你在他們面前必須是不容置疑的權威，否則將無法帶領他們一起工作。要讓孩子感覺到：「這件事是真的，因為老師說他是真的；這個東西是美的，因為老師認為這個很美；這個東西很棒，因為老師覺得很棒。」因此，你可以透過這樣的方式讓孩子看到真、善、美，而你自己必須就是真、善、美的代表。孩子也會喜歡真、善、美的事物，因為他們喜歡你。

9、10 歲之間的孩子，潛意識本能出現一種感覺：「我從老師那裡學到了所有的事物，那麼老師又是從哪裡學到的呢？是誰教老師的呢？」這時候對孩子多做解釋與說明只會造成傷害，重要的是，要以充

滿愛與溫度的言語來回應孩子、避免造成傷害，同時也保有你在孩子面前的權威，而這個狀況可能會持續幾週甚至幾個月。

孩子來到「對權威有所質疑」的階段。當你面對這情況，能夠以充滿溫暖的方式來處理這樣的危機，又能維持住權威，你的溫暖與真誠會進到孩子的內在，你與孩子都能從中獲益。孩子對你的權威將會深信不疑，這對之後的教學很有幫助。更重要的是，在孩子 9、10 歲之間，不能讓他們動搖原本相信「好人」的這股信念，否則那股指引孩子一生內在的安全感，也會隨之搖擺不定。

這些都是非常重要事情，我們必須時時提醒自己。在教師手冊中，你會看到許許多多為教師制定、詳細又複雜的教學指引，但最重要的是：**你要了解孩子每一個成長階段會有什麼樣的變化，以及要如何去看待與因應這樣的變化**。要明白，你為孩子做的，將會照亮孩子的一生。

教孩子植物與動物時，
必須讓孩子理解最真實的自然面貌

（1924 年 8 月 14 日，於英國托奇鎮）

孩子透過植物與地球的緊密關係去認識植物，而對於動物則是
透過動物與自己的緊密關係來了解。孩子是和地球上的萬物一
起成長的，他們正站在生命力旺盛的土地上，就如同站在一個
巨大生物如鯨魚身上。

今天，我們要來談談「換牙期到青春期階段」，孩子的一般性教
育原則。而下一堂課，我會再針對每個不同主題課程，做更深
入的討論，以及可能出現的特殊狀況。

兒童到了 9、10 歲時，開始意識到自己與周遭世界的不同。他們人
生中第一次發現主體與客體的差異；主體就是屬於自己的，而客體則是
屬於除了自己以外的人或物。**當你和 9 歲以前的孩子談論外在事物時，
必須將這些事物當作是孩子的一部分，以這樣的角度他們才能夠理解；**

然而，當孩子成長到 9、10 歲以後，你開始能將這些事物以原有的面貌和孩子述說。昨天已經談過，你要如何把動物和植物當作擬人一般能說能動，透過這樣的方式，讓 9 歲以下的孩子感覺到外在世界是自己延伸出去的一部分。

讓孩子看見大自然最原始的面貌，
才是最真實的植物與動物教學

孩子到了 9、10 歲，你必須開始讓他們了解到外在世界的一些基本實際現象，也就是真實的植物與動物世界。之後，我會再講到其他的科目。但是，特別是在這個領域（動物與植物），你必須依著孩子的天生特質與需求來進行教學。

首先，你要做的第一件事就是丟掉所有的教科書。因為目前市面上的所有教科書，完全沒有可以用來教孩子植物與動物的教材。這些教科書如果是用在成年人身上會很好，可以幫助成人了解關於植物和動物的知識，但是如果用來教孩子，會破壞孩子的個人特質。事實上，現今沒有任何一本教科書或手冊，能夠告訴我們該如何進行這方面的教學。這也是重點所在。

如果把各種植物一株一株拿到孩子面前，開始講解這些植物之間有什麼不同。這樣的教學是脫離現實的，現實上，植物不是單獨存在的，就像你從頭上拔了一根頭髮，然後觀察這根頭髮一樣不符合現實，因為頭髮並不是單獨存在的。在日常生活中，我們常常認為眼睛能看見的一切就是真的，但是你要知道，觀察一顆石頭和觀察一朵玫瑰花或一根頭髮，是完全不同的。十年以後，這顆石頭將會和你現在所見完全一樣，然而這朵玫瑰花在兩天後就會有所變化。玫瑰花是玫瑰叢中的一部分，要能看到整個玫瑰樹叢，才能看到玫瑰完整的樣貌。

　　如同頭髮本身也不能單獨存在，它是長在人類頭部的毛髮，是人類身體的一部分。如果你走進草原中，從地上拔起一株植物，就好似從頭上拔了一根頭髮。植物是屬於土地的一部分，就像是頭髮屬於人的一部分。單獨觀察一根頭髮是毫無意義的，因為頭髮不可能憑空出現。

就像頭髮是人身體的一部分，
我們在教學上必須將土地與植物視為一體

　　把植物種在花盆裡面，然後再讓孩子帶回去觀察，這樣的方式是很愚蠢、完全脫離現實的。這樣的教學方式完全無法讓孩子對自然或是人

類有正確的認識。

我們來看一下這棵植物（請見下方圖片），但是這並不是植物的全貌，下面的根部向四周延伸，可能延伸的很長，附近的土壤也都是屬於植物的一部分。有些植物的鬚根長得很長，蔓延的區域很廣，當你看到一小塊土壤，其中卻蘊含著遠處植物的根時，你就能夠理解為什麼要有肥沃的土地，植物才能夠健康的成長。

所以，除了植物本身，圖中這條線以下的部分（請見右圖中，橫線部分以下），也是和植物一起生長的，這就是土地。所以，土地也是植物的一部分。

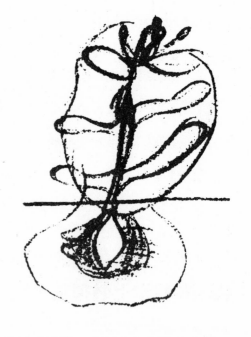

有些植物，大約是在五、六月春天的時候開花，到了秋天結果，然後就會凋萎、死亡，回到屬於它們的土壤之中；有些植物則是會將土壤的力量帶出，彷彿自身就是土壤的一部分，它的根會大量吸取周圍的能量，然後帶著這些能量用力向上發展，於是便形成了一棵樹。

那麼，什麼樣才是真正的樹呢？樹是許多植物的合體。無論你看到的是本身沒有什麼生命的山丘，上面卻長滿了許多植物；或是透過樹的成長，將土地內活躍的生命力一同向上突破地面，形成一片充滿生命力的土地。**如果單獨觀察植物本身，絕對不可能對植物有正確的了解。**

如果去到一個地區（最好步行），而這個地區有著明顯的特殊地質構造，譬如說：紅土。接著，仔細觀察那裡的植物，你就會發現那裡的花朵大多都是黃中帶紅的顏色，因為花是土壤的一部分。土壤和植物是一體的，就如同你的頭和頭髮也是一體的。

所以說，植物學是無法與地理及地質學分開單獨教學的。分開教學是很荒謬的，地理學必須涵蓋對該區域的描述以及植物的觀察，因為地球是個有機體，而植物就如同這個有機體的頭髮。我們的教學必須讓孩子能夠看到植物和土地是一體的，每一寸土壤都承載著屬於它的植物。

因此，正確的方式是將植物與土地視為一體來教學，讓孩子能清楚感受到大地是活著的有機體，上面會長著它的頭髮，而植物就是大地的頭髮。

人們常說到：「地球有地心引力。」照這樣的說法，地心引力屬於地球的，但是，植物的生長力同樣也屬於地球。**植物和大地是無法被分割的，就像人和長在頭上的頭髮，它們必須被視為一體。**

現今的教學把事物一一分割，
再也看不見全體的樣貌

如果將植物種在盆子裡，然後給孩子看，並且告訴他們這些植物的名字，你所教的東西是非常不切實際的，且對孩子的一生都會有所影響。這樣的教法，孩子永遠不會了解該如何對待土地、如何正確施肥，並透過施肥來維持植物健康生長。唯有了解土壤是植物的一部分，孩子才能理解要如何耕種。現代人對「現實」的概念越來越薄弱，尤其是那些自稱「務實」的人，就如同我在第一堂演講中跟大家說的：「他們把每件事情一一分割、單獨看待，所以再也看不到現實的全貌了，一切只能依靠理論。」

因此，在過去五、六十年間，許多地區的農產品品質變得越來越差。不久前，在中歐召開的農業會議中，農業學者也都承認：「現在的農作物營養價值已經越來越貧乏，這樣下去，五十年後這些農產品將不再適合人類食用了。」

為什麼會這樣？這是因為人們不了解如何以施肥讓土壤活絡起來。當人們將植物視為獨立於土地之外的個體時，他們就不可能理解這樣的概念。然而，植物本身就如同人類頭上的頭髮。如果以現代人看待植物的角度來看待頭髮，就像認為：「把頭髮放到一片蠟或是動物油脂上，頭髮也同樣能生長。」但是事實並非如此，頭髮就只能在頭皮上生長。

為了了解土壤與植物的關係，你得先找出每種植物適合的土壤。若要真正做好「施肥」這門藝術，必須將土地與植物視為一體，因為地球本身就是個有機體，而植物則生長在這個有機體之上。

因此，**孩子必須一開始就能去感受「他們是站在一個活生生的地球上」**。這對他們的一生來說，意義重大。想想看，現代人對地質層起源的概念是什麼？他們認為是一層又一層的沉積物所形成的，但是你所看到的這些地質層，其實就是硬化的植物以及硬化的生物形成的物質。不只有煤炭是古代植物形成的（它們的根多半在水中，而不是在陸地上，完全

屬於地球），花崗岩、片麻岩等等，也都是源自於植物和動物。這也是只有將土地和植物視為一體時才能理解。

這一類的事情，重點不在於給孩子正確的知識，而是給予他們正確的感受。當你從靈性科學的角度來思考這些事情時，就能夠看到如此。

如何教孩子植物——
讓孩子理解土地與植物間的緊密關係

也許，你有一個非常偉大的志向，想讓孩子知識淵博、什麼事都懂，包括植物學。所以，孩子還小的時候，你就鼓勵他們將不同植物放在盆子裡帶回去研究。你陪著他們一起觀察這些真實的東西，也深信你所看到的這些植物，就是它真實的一面，畢竟你在進行的就是實物教學（object lesson）。但是，你忽略的是：你們觀察的東西根本不是實際上的樣子。所以說，現代所謂的實物教學真的是一派胡言。

這種學習植物的方式，就像研究頭髮時，卻認為頭髮是從哪裡長出來的並不重要。但是，現實卻是，它無法從一片蠟或頭皮以外的物質中長出來。這樣的想法與孩子出生前所處的靈性世界認知，是完全不同的，在靈性世界看到的地球是不一樣的，**孩子的心魂能夠透過鮮活的圖**

像，來感知礦物質與植物世界之間的緊密關係。為什麼這麼說呢？人類在成長過程中必須吸收名為「乙太」（etheric）的元素，才能完整成形，而這種元素，就是轉換成礦物的過程中所產生。孩子的成長，需要融入植物的這種元素，而這樣的植物世界對孩子來說，與大地息息相關。

孩子來到這個多采多姿、形形色色的地球中，會經驗到許多的感受，如果以一般的植物教學方式來教導他們，會讓他們對這些感受產生困惑與混淆；然而，如果讓他們知道「地球和植物世界是相關聯的」，孩子的內心則會充滿喜悅。

如何教孩子動物——
從心魂的特質來觀察動物的特性

同樣的，「如何教導孩子動物的世界」也是我們需要深思熟慮的。我們可以很容易看出動物和土地並不是一體而成的生長，它們在地面上隨時移動、奔跑，可以這一分鐘在這裡，下一分鐘出現在那裡。所以，很明顯的，動物與地球的關係與植物大不相同。關於動物，還有另外一個令我們訝異的特性。

當我們觀察生活在地球上的不同動物時，首先來看看牠們的心魂特

質。我們會發現：肉食性動物的殘暴、羔羊的溫柔和野獸的勇猛。有些鳥類屬於勇敢的戰士，而在哺乳類動物中，也能找到同樣勇敢的戰士，例如我們會看到雄壯的動物——獅子。

事實上，動物有非常多不同的心魂特質，我們常常會賦予不同種動物一些代表性的特質。我們會說老虎很殘暴，因為殘暴是牠最重要也最明顯的特質；我們說羊很有耐性，因為耐性是牠最顯著的特質；我們說驢子很懶惰，雖然實際上驢子並不是真的那麼懶惰，但是牠的整體氣質與行為，卻在某種程度上讓我們感到懶惰，因為驢子確實在改變現狀上顯得特別懶惰。如果牠現在只想要慢慢走，就絕對不會因為任何事情促使牠走快一些。所以說，每一種動物都有牠們獨特的性格。

不同於動物，人類集多種特質於一身

但是，我們卻不能以這樣的方式來看待人類。沒有人的性格中只有單純的溫柔與耐心，或是只有殘酷的個性，或是只有勇敢。如果人類真的以這樣單純的特質存在地球上，就會變得非常侷限。有時候你會發現，有些人的人格確實有朝著某個單一特質發展的傾向，但仍然與動物不太相同。我們會發現人類的特質絕大多數並不如此單純，特別是在教

育孩子的時候。**在面對生命中所發生的一些事情，有些時候必須耐心應對，有時必須勇敢面對，而有些情況甚至得用非常微量的殘忍手段處理。**也或者，有些人在某些狀況下，會自然的出現殘暴的一面。

人類與動物的心魂特質的真實情況究竟是如何呢？人類確實能夠有同時具有所有不同的特質，或者將不同動物的特質集於一身的可能（每種動物都有一個不同的特質）。每個人身上，多少都存在一點各種特質。他可能並不如獅子那樣雄偉，但卻有一種讓人心生敬畏的威嚴；他可能不像老虎那樣殘暴，但卻也帶有一點點的殘酷；他可能不如羊那樣有耐心，但還是有一些些的耐性；他可能不像驢子一樣懶惰（至少大家都不是），但仍然存在著一些惰性。

所有人的身上都找得到這些特質。當我們用正確的方式來思考這個問題時，我們可以說：「人類的特質是帶著獅子特性、綿羊性格、老虎的個性以及驢子的習性。這些特質同時存在與每個人身上，卻一點也不違合。所有特質相互調和，在人的身上和諧融合在一起，或者以學術的觀點來說，人類綜合了所有動物的心魂特質於一身。人類的終極目標是擁有最適當比例的獅子、綿羊、老虎、驢子等等特質，若這些特質能夠以最剛好的比例存在，就能夠與任何事物維持最完美的關係。」

人類包含著所有動物的特質，
仔細分析，會看見整個動物界

　　一句美麗的古希臘諺語是這麼說的：「有勇有謀，將為你帶來祝福；若有勇無謀或是有謀無勇，那麼毀滅就會隨之而來。」如果我永遠只能像那些充滿勇氣的鳥一樣不斷奮戰，這對我的生命不會有太大的幫助。但是，若如此充滿勇氣的我，同時也具備了智慧（動物的智慧是侷限的），便能夠將我的勇氣施展在正確的地方。

　　那麼，人類的課題，就是要如何讓這些各自在所有動物身上的特質，協調的並存在我們的身上。我們用圖（參見下圖）來說明，這是第一種動物，然後是第二種、第三種、第四種，以此類推到地球上所有可能的動物種類。牠們和人類之間有什麼樣的關係呢？

　　那個關係就是：人可能有第一種動物的特性，但不是全部，而且有些不同的變化；然後也有第二種動物的特性，同樣的不是全部而且有些

變化；接著第三種特性也有，然後是第四種……直到擁有所有動物的特性為止。我們會發現，**人類擁有所有動物的特質，動物是人類不同特質的分身，而人類是所有動物特質的總合。**所以，當你仔細分析一個人的特質時，你看到的會是整個動物界。

人的外形也是如此。設想，一個人的臉部從這裡切掉一部分（見上圖），然後將這個部分往前拉長，這麼一來，拉長的部分和往後縮的額頭，讓這張臉不再協調，這就會是一隻狗的頭。如果你把頭做一點變化，就會是獅子的頭等等。

因此，你也可以發現，包含其他所有官能，人類的外形也是所有動物外形的綜合，然後以最協調的方式呈現。

想想鴨子的蹼，你的手指之間也有蹼退化、萎縮後的痕跡。因此，在動物界所能找到的樣貌，在人類身上也都以不同形式存在著。事實上，人類透過這樣的方式了解到：**其實所有動物的總和，就是人類，這也是人類與動物之間所存在的關聯性。**

目前在地球上，總人口數大約有十八億人左右，將所有的人類視為一體時，就會是一個巨大的人類。同時，將整個動物界視為一體時，也會是一個巨大的人類，唯一與人類不同的是，每種動物是以不同的特質存在著。

假想：我們人類的外形是很有彈性的，可以被向外拉往不同方向，也可以向內被推擠。如果你的外形被朝某個方向拉出許多，就會出現某種動物的外形；如果你上半部的臉被往上推，然後再被往外拉（假設人的臉非常有彈性），那麼又會出現另一種動物的外形。因此，人類是整個動物世界的合體。

運用人類身上看見的動物特質，讓孩子理解整個動物界

古時候就是用這樣的方式在教動物史，這才是對動物正確又健全的知識。然而，人們就在不久前失去這樣的認知了。就如在十八世紀時，人們仍然知道，如果鼻子的嗅覺神經夠大並向後延伸，那麼人的鼻子就會變成狗鼻子。但是，如果嗅覺神經萎縮到只剩下一小部分，而其他部分的神經就會轉變為不同功能，成為發展智力的神經系統。

我們觀察狗是如何嗅聞的：牠們的嗅覺神經從鼻子開始向後延伸。狗嗅聞出每個東西的特殊氣味，但是無法在腦海中產生圖像，一切都是靠氣味。狗沒有想像力，卻有十分靈敏的嗅覺，能嗅出所有事物的不同氣味。這個世界對於狗來說充滿了樂趣，而這樣的樂趣並不亞於人類。人對於所有的事物，都可以在腦海中留下圖像，而狗則能分辨所有的氣味。我們能感受到一些不同的氣味，有些氣味讓人愉悅而有些則會讓我們感到厭惡，然而狗卻能夠準確的聞到各種不同東西的氣味，可見狗是多麼擅長聞嗅的動物。

現代，我們有警犬協助辦案。警犬會被帶到偷竊的案發現場，立即分辨出嫌犯的特殊氣味，然後跟著這些氣味找到嫌犯的所在地。這個世界充滿了各種不同的氣味，而每種氣味都非常的不同，狗能夠將這些氣味透過嗅覺神經傳達到頭部去做分辨，因此，警犬才有能力跟著氣味找到嫌犯。

如果將狗的嗅覺神經以圖示表達，一定就是從狗的鼻子開始然後往後畫。而這樣的嗅覺神經在人類身上只保留了最下面的一小部分，其他位於額頭這個位子的部分都已經轉化，而這個轉化的器官，也是我們「內心圖像」（mental images）形成的地方。也是因為這樣，我們的嗅覺就不如狗那樣靈敏，但是我們卻能夠在腦海中產生圖像。人類的體內有

狗的嗅覺，但又有所進化。其他動物在人類身上的狀況也是相同的。

讓我再說清楚一點。德國哲學家叔本華（Arthur Schopenhauer, 1788－1860）寫了一本書，名為《作為意志及表象的世界》（*The World as Will and Idea*），而這本書是寫給人類看的。我們可以想像，如果這本書是由一隻天才的狗兒所寫，那麼書名就應該改為《作為意志及嗅覺的世界》（*The World as Will and Smell*），而且我相信，這本書會比叔本華所寫得更加有趣。所以，**你必須針對各種動物的外形去描繪牠們，並且不是將牠們看做是完全獨立存在這個世界的生物。你必須讓孩子感受到：在動物身上反映出的人類特質。**

想像一下，人類的外型只要在這裡或那裡做一些改變，就會出現某種動物的模樣。如果把烏龜的外形放到袋鼠身上，烏龜就像是人頭上戴著鋼盔，袋鼠的身體就像是人體的四肢。

所以，在這個廣闊的世界中，你總是可以找到人與動物之間的某種聯繫。

你可能會覺得這些事情很好笑。這都沒有關係，能夠在課堂上讓大家笑一笑也是很好的，能夠讓課程充滿幽默是再好不過的了！笑一笑對孩子也是有益的，如果他們的老師總是板著一張臉，孩子也會受到影響

而板著一張臉，以為只要坐在教室裡面就應該要板著一張臉。所以，若在課程中帶著幽默、讓教室中充滿著笑聲，這是最好的教學方式。太過嚴肅的老師，是無法和孩子建立良好關係的。

講到這裡，我希望大家能夠了解動物教學的原則。如果之後的課程還有時間，我們可以更深入的談談細節部分。但是，你只要抓住這個原則，就應該知道「要將動物想像成不同的人類特質，是透過每種動物的不同外型表現出來。」

透過這樣的方式，能夠讓孩子體驗非常美麗而細膩的感受。正如我之前告訴大家的：「**孩子透過植物與地球的緊密關係去認識植物，而對於動物則是透過動物與自己的緊密關係來了解。**」孩子是和地球上的萬物一起成長的，他們正站在生命力旺盛的土地上，就如同站在一個巨大生物如鯨魚身上一樣。這才是正確的感覺。唯有如此，才能使他們對整個世界產生真正的感情。

孩子與地球上的萬物一起成長，才能與世界產生緊密的連結

因此，所有的動物對孩子而言，都與人類有所關聯，但是人類還擁

有超越這些動物的力量，才能夠將不同動物的特質統整為一體。那些科學家認為「人是從動物進化而來」的言論，對於受過這樣的教育方式的人來說，只能嗤之以鼻。因為，我們了解人已經將所有動物都融合在其中，是所有動物的合體。

正如我之前說的：孩子到了 9、10 歲之間，對自己以及外在世界開始有主體與客體的區分。這個時候，外在世界與自我才會開始分離。在此之前，當你說故事的時候，故事中所提到的所有事物不論是石頭或是植物，一舉一動都會像人類，也能夠說話。因為，幼小的孩子仍然把自我與周遭環境視為一體。但是到了這個年紀，他們開始能夠區分，你必須帶這些孩子以更高層次的方式，與身處的環境做接觸。**當你談論到我們所在的地球，必須讓孩子能夠強烈感受到地球和植物理所當然是屬於一體的。**如此，孩子對於農業才會有實際而正確的概念，並且了解農人之所以要對土壤施肥，是因為土壤必須含有某些特定植物所需的生命力，才能讓它們健康的生長在這塊土地上。這樣的教學，孩子不會以觀察單株植物的方式來理解植物，也不會將動物視為與自己毫不相關的生物來學習，而能夠看到動物代表著人類的各種特質、分散在地球的各個角落。因此，我們開始了解自己是以人類的身分站在這個地球上，而動物與我們的關聯是什麼。

在孩子 10～12 歲的這段期間，啟發他們「植物與地球」及「動物與人」這樣的概念非常重要。如此一來，孩子才能以身、心、靈為完整的一體，朝十分明確的方向扮演好他們在這個世界的角色。

這樣的感受必須以「藝術」的方式來引導孩子，學習去感受植物與地球與土壤是一體，才能真正讓孩子的理解力有所增長、思考能夠與自然融為一體。透過你的努力，讓孩子看到人類與動物的關聯性、看到了各種動物的意志力是如何的在人類身上，以一種適合「人類的個人化形式」存在著。在各種不同動物身上看到的所有特質，以及因著這樣的特質所生的感受，都同樣存在於人類身上。人類以這樣具備的所有特質，然後根據每個人不同的個性，正確扮演了他在這個世界上最適合自己的角色。

當動植物教學失去了根，
人類也遍尋不著自己在這個世界上的角色

為什麼這個世代的人們好像都失了根？大家都可以看到「現代人無法正確走路」，他們無法正常邁開步伐走路，而是拖著腳走路。雖然說在運動的時候，會學到正確的走路方式，但是這樣的方式也有些不太自

然的地方。其實，最重要的是：「現代人根本不知道要如何思考，而對自己人生要做什麼也不清楚。」如果給他們一台縫紉機或是電話，或是說要安排一場短程旅行或環遊世界，他們都知道要怎麼做。然而，面對自己的人生卻完全迷失了，這都是因為他們所受的教育無法帶領他們找到自己在這個世界上合適的位置。

我們無法靠著一句「我們要正確的教育人們」的口號，就能夠改善這個狀況。具體的說，唯一能改善這狀況的方式，**只有老師以正確的方式教導孩子植物與土地以及人與動物真正的關係。也只有如此，人們才能以應有的方式站在地球上，以正確的態度來面對這個世界，而這些必須透過所有的課程來達成。**這一點不但重要，而且是非常必要的。

因果關係的概念，必須等孩子 12 歲以上才有能力理解

找出兒童在每一個發展階段的需求，始終都是我們的課題。對此，你必須真實的去觀察並了解人類。我們再來回想之前所說過的兩件事情。

你會發現，孩子在 9～10 歲之前，我們必須將所有外界事物都以擬人化的方式來教導他們，好似這些事物都是有生命的，因為這時候的孩

子與世界尚未分離，並沒有將自己視為獨立於周遭環境的個體，所以說我們要講童話、神話以及各種傳說故事給他們聽。我們將周圍環境中所有想要告訴孩子的事物，都編進各種故事之中，以描述和圖像的表達方式告訴孩子，而這是深藏在孩子心魂深處，與生俱來所能理解的方式。然後，到大約 10～12 歲這個階段，我們再用上面所說的教學方式，帶孩子認識動物以及植物世界。我們必須非常清楚，即使到了 10、11 歲這個年齡，都還不適合教孩子現在很流行的因果關係概念，他們還無法理解。

現代人很習慣用因果論的角度來考量所有事情，而這就是以自然科學為出發點的教育方式帶來的結果。但是，大家要知道：「和一個 11、12 歲的孩子談因果關係，就像是和一個色盲的人談顏色。」現代人很喜歡跟孩子談因果關係，卻不知道這完全超越孩子的理解範圍。首先，孩子最需要的是栩栩如生、沒有因果關係的圖像。即使在孩子 10 歲以後，也必須以圖像的方式讓孩子了解這樣的概念。

要到 12 歲左右，孩子才開始準備好接受因果關係的概念。因此，現代那些與因果原理相關的課程，例如無生命的物理學、礦物學、化學等等，都不合適 12 歲以前的孩子。

再來談談歷史課程，12 歲以前，當我們和孩子討論歷史時，應該要以精心繪製的圖像來介紹歷史人物與歷史事件，讓這些存在於過去的人物與事件，好像在孩子的眼前重新上演。現代人很喜歡用他們最引以自豪的實用教學法來教歷史，這樣的教學方式是，以歷史事件發生的先後順序去回顧歷史，後面發生的事件就是前面所發生的事件的結果，然而，這不是我們要給 12 歲以下孩子的東西。

這種尋找歷史因果關係的實用教學法，對孩子而言，比顏色對於色盲來說更加難以理解。此外，如果用這樣的因果關係觀點來教孩子，孩子會產生一個錯誤的概念，以為生命就是一切順其自然。讓我用圖解的方式說明得更清楚一些。

我們想像有一條河，像這樣的流著（見下圖）。

河面上有波浪。但是，如果你說波浪 C 是因為波浪 B 往前推所產生的，而波浪 B 是波浪 A 向前推所產生的，也就是說因為 B 所以有 C，

因為 A 所以 B 才會存在。然而,這並不盡然是事實。河面以下還有著各種的力量同時運作著,進而才會產生河面上的波浪。歷史也是如此。1910 年所發生的事件,並不見得完全起因於 1909 年發生的事件,而後我們也能依此類推。但是,孩子很早就能感受到隨著時間而演變的事件,就如同感受到將波浪推上河面的各種力量。但是,你一定要將因果關係的教學延遲到孩子 12 歲以後,在此之前,只能讓孩子以圖像的方式去感受。

所以,這樣的教法,同樣也需要教師的想像力。但是身為教師,就必須具備這樣的想像能力,而只要對人類的本質有所認識,就一定能夠具備這樣的想像能力。這是當老師的先決條件。

所有的教學都必須回到「人類的天性」,正因為如此,道德生活教育必須和前面所說的實際教學並行。

教師必須靠「創造力」與「自覺」,掌握整個班級

最後,我想就這個問題再多做一些補充。既然說要依照孩子的本性來對待他們,如果你教 7 歲孩子因果關係的概念,就違反了他們發展的本質,如同處罰,也背離了孩子真正的發展本質。

關於這個問題，在華德福學校裡我們有一些十分正面的經驗。一般學校通常都會用什麼樣的方式作為懲罰呢？當一個孩子做出一件很糟糕的事，後果可能會被要求留下來算數學。然而，在華德福學校，我們卻有著完全不同的經驗：有三、四個孩子因為沒有把工作做好，被要求留下並做一些算術。結果，其他的孩子卻說：「我們也想要留下來做算術！」因為他們一直以來接受到的教育方式，讓他們認為算術是一件有趣的事，並不是一個懲罰。老師不應該讓孩子對算術留下不好的印象，反而應該讓他們認為這是一件好事。這也就是為什麼，全班都想要留下來算術。因此，**千萬不要用那些不該被視為懲罰的事情來做為懲罰，這樣才是對孩子心魂有益的教育方式。**

再舉另一個例子：一位華德福學校的老師——斯坦博士（Dr. Stein）。他常常靈機一動，就能想出一些處理孩子行為的方法。有一回，他注意到學生沒有專心上課，而是互相傳紙條，然後互相回覆彼此的紙條。他發現後並沒有拆穿他們，也沒有做出任何的責罵或懲罰，只是突然間，開始談論起郵政系統，並且針對這個話題上了一課。起初，孩子對於老師為什麼會突然開始講起郵政系統感到十分困惑，但是很快的，就意識到老師為什麼這麼做。

用突然改變教學主題這樣細膩的方法，孩子就會感到過意不去。當

他們意識到自己的行為並且感到羞愧，就會立刻停止傳紙條的行為，只因為老師在課程中突然穿插了郵政系統的話題而已，就讓孩子改變了他們的行為。

因此，要掌握整個班級，靠的是「創造力」。你必須能夠真實的進入這些孩子的世界，而不是刻板的遵循傳統方法；你必須知道如何用這樣不引起他人注意的方式，卻讓犯錯的孩子感到不好意思、自行修正自己的行為，而這樣的方式，比起粗暴的懲罰來得有效多了。如果教師依循類似的方法來處理孩子的行為，以正面鼓勵的方式引導著孩子，課堂上的氛圍才能達到平衡且教師也能掌握上課秩序。

身為教師的第一要務，就是要能夠「自覺」。例如，如果孩子因為不耐煩或隔壁同學做了什麼讓他感到憤怒的事情，而將墨水灑在書本或桌子上，這個時候，老師絕對不能對孩子大聲說：「這有什麼好發脾氣的！好孩子不會這樣發脾氣！遇到事情要冷靜一點，忍耐一下就過去了。如果再讓我看到你發脾氣，那……我就把墨汁扔到你的頭上！」

如果你是這樣教孩子（這也確實常常發生），能夠教好孩子的機率很小。教師必須隨時都能夠自我控制，最重要的是絕不能在指正孩子的同時，卻犯了和孩子一樣的錯誤。你必須了解孩子無意識的那一部分是如

何運作的。一個人有意識的思考、情感和意志都只是心魂的一部分。在人本性的深處，即使在孩子身上，仍然有著一股智慧的力量在控制著我們的星芒體（astral body，也就是「感知體」）[1]。

每當看到老師站在課堂上面、看著課本照本宣科，或看著寫滿題目的筆記本來問孩子問題，這樣的景象總是讓我感到不寒而慄。孩子確實不會有意識的去注意到這一點，但如果你對這一切有所了解，那麼你就會發現他們的潛意識會對自己這麼說：「這些要學的東西，我的老師也不懂。那麼，我為什麼要學連老師都不懂的事情呢？」如果老師總是照著課本教，孩子的潛意識就會自然的出現這樣的判斷。

這些極其微妙的細節在教學上都是非常重要的。**一旦孩子的潛意識，也就是星芒體的特質察覺到老師並不懂正在教的東西、必須要看著書照本宣科，就自然的認為自己也沒有學習的必要。**要知道，星芒體運作起來，是比孩子的意識能力更強大的力量。

以上，就是今天課程內容。接下來的幾天，我會將重點放在每一個個別課程以及不同階段的兒童教育。

1　關於星芒體（感知體）以及其他人類更高層次的部分，請見本書第二部第一講。

貼近孩子的內心，
才能提供最適切的教學方式

（1924 年 8 月 15 日，於英國托奇鎮）

帶領孩子時，必須給予合適的圖像故事。在孩子年幼時用這樣的
方式來教學，未來當孩子漸漸長大以後，你又可以再度回溯到這
些圖像相互對照。

前 面幾堂課，我們已經談過：「關於從孩子換牙期開始，到 9、
10 歲之間，該如何用敘述以及圖像式的方式來教學。」透過這
樣的教學方式，孩子的所學才能真正內化成自己的一部分、跟著自己一
起成長，成為陪伴一生的滋養。

只要被你喚醒的感受與想法沒有變得僵固，這一切當然是有可能
的。要做到這一點，教師首先要有發自心魂內心的感受。教師和教育工
作者必須耐心的自我進修，這樣喚醒的心魂真的會有所發展。也只有如
此，才能夠真正去發掘美好的事物，但必須不斷嘗試、不能放棄。

一開始進入靈性教學都是笨拙又彆扭，
我們必須接受自己的不完美

　　每個人一開始進行靈性活動時，總是得經歷笨拙又彆扭的階段。如果無法忍受一開始的笨拙與彆扭而放棄，永遠無法真正做到發自內心而達到完美。特別是在教育上，老師必須先點燃自己心魂中的熱情，接下來才能夠發展自己，但是，首先得將這股熱情在心魂深處點燃。一旦你能夠想出一、兩個成功吸引孩子的圖像式教案，那麼你就會發現，自己其實隱藏著特殊的潛能。你也會發現，要創造這樣的圖像越來越容易，你的創造力會進入一個從來沒有想像過的程度。但是這一切都必須從不完美開始，你也必須有接受不完美的勇氣。

　　你可能會說，如果非得用這麼彆扭的方式站在孩子的面前，那會讓你不想成為一名教師。這時候，人智學的觀點對你會很有幫助。你得告訴自己：「冥冥之中有一股力量，讓我這個還不是那麼有經驗的老師來到這些孩子的面前、成為他們的老師。而那些需要一位身手俐落、有經驗的老師帶領的孩子，會在未來的歲月才能與我相遇，這就是所謂的業力[1]（karma）。」因此，教師和教育工作者，必須勇敢的接受生活上的

1　史代納談到人在地球上輪迴這樣的生命運作方式時，保留了這個古老的東方詞彙「業力」。更詳細的解說，請見魯道夫・史代納的《神智學》（*Theosophy*）一書第二章。

挑戰，因為事實上，整個教育最重要的課題不是教師，而是孩子。

　　我在這裡舉個例子，有些東西是能夠進入孩子心魂深處、陪著孩子一起長大，當孩子長大後再次回顧這些東西，就能喚醒他們的某些感受。在孩子 7、8 歲的時候給予某種圖像，等到他們 14、15 歲時，老師再次以某些方式和孩子一起回顧這個圖像，是一種非常有成效的教學方式。正因為如此，華德福學校會盡可能由一位老師一直帶領同一班的孩子。當孩子 7 歲進入小學時，會由一位主帶老師帶領他們，然後也盡可能讓這位老師一直帶領這個班級。如此，才能讓孩子在成長過程中，不斷用不同的方式回顧過去所教過的內容。

教學前，老師必須有能力透過自己的感受，維持課堂中的紀律

　　當我們跟 7、8 歲的孩子說一個極具想像力的故事時，孩子並不需要在這個時候完全了解故事中的所有圖像。稍後，我會解釋為何孩子還不需要了解。最重要的是，這個故事一定要優雅又能引人入勝，讓孩子喜歡。比如說這個故事：

　　　　從前從前，在一片美麗樹林中的大樹下，一朵害羞的紫羅

蘭剛剛長了出來。溫暖的陽光透過樹枝照進了樹林，而這朵小紫羅蘭透過樹枝的縫隙中，看到一大片藍藍的天空。今天早上，她才剛剛露臉開花，這是她第一次見到了這片藍藍的天空，小紫羅蘭感到十分驚恐，卻也說不上為什麼會對這片藍天感到如此害怕。就在這個時候，一隻小狗跑了過來，這是隻壞心腸的小狗。

小紫羅蘭對這隻小狗說：「請問一下，上面那片和我一樣藍的是什麼東西呢？」因為這片天空湛藍的就像小紫羅蘭。

這隻小狗不懷好意的說：「哦，那是一個巨無霸的紫羅蘭，她長得這麼大，隨時都可以壓碎妳。」

聽到小狗這麼說，小紫羅蘭就更加恐懼了，她深信這朵長得這麼大的紫羅蘭，真的可以隨時壓碎自己。這時候吹來了一陣風，把樹上的一片葉子吹落到小紫羅蘭身上，小紫羅蘭就這樣一整天帶著恐懼抱著花瓣，躲藏在這片葉子下面，一點也不想抬頭看到那個大紫羅蘭。

小紫羅蘭一直想著那個藍色的巨無霸隨時都可能會來攻擊她，這該怎麼辦？她擔心得整晚睡不著。但是，等了一晚，什

麼事也沒發生。天一亮，小紫羅蘭就悄悄的探出頭來，她看起來精神奕奕、一點倦意也沒有，因為她整晚沒睡都在想著這件事情。（當紫羅蘭有睡覺時，就會看起來很累；沒睡覺時，反而看起來很有精神！）她一探出頭，第一個看到的是冉冉升起的太陽以及玫瑰色的天空。小紫羅蘭一點也不怕，而且很高興看到這片拂曉的玫瑰色天空。隨著太陽越升越高，天空漸漸越來越藍、越變越藍，這時，小紫羅蘭又想到了小狗跟她說的話，這個藍色的巨無霸會來攻擊她。

就在這個時候，一隻溫柔的小羊走了過來，小紫羅蘭覺得她有必要再次確認頭上那個藍藍的東西到底是什麼。

「那個到底是什麼東西？」紫羅蘭問。

小羊說：「那是一個就像妳一樣藍的大東西啊。」

聽到這裡，小紫羅蘭又害怕了起來，以為小羊的答案會和小狗一樣。但是，小羊看起來和善又溫柔，有著柔和的眼神，讓小紫羅蘭鼓起勇氣繼續問：「親愛的小羊，請告訴我，這個藍色的龐然大物會來攻擊我嗎？」

「哦，不，」小羊回答，「她不會攻擊妳的，那就是一個更大的紫羅蘭，她的愛比妳的還大，就像她的藍比妳還藍。」

聽小羊這麼一說，小紫羅蘭立刻明白這個大紫羅蘭不會來攻擊自己，她看起來如此的湛藍代表的是她有更多的愛，能夠保護小紫羅蘭免於受到任何傷害。這時，小紫羅蘭的心情愉悅了起來，原來眼前的這一大片藍藍天空，代表著神聖的愛從四面八方流向她。小紫羅蘭把頭抬得高高的，好似在向藍天之神祈禱。

這時候，如果你跟孩子講這一類的故事，他們一定會聽的，因為他們總是喜歡聽這樣的故事。但是，你必須用適當的情緒來講這個故事，孩子在聽完這個故事後，才會接受它並且內化這個故事的內容。這非常重要，而這樣的教學方式，完全取決於老師「是否能夠透過自己的感受、維持課堂中的紀律」。

這就是為什麼當我們談到剛才提到的事情時，我們也必須談到「維持課堂紀律」的問題。比如說，我們的華德福學校曾經有一位非常會講故事的老師，但是孩子對他並沒有這樣的印象。當他在講故事的時候，孩子並沒有以仰慕的眼神看著他、聽他說故事。結果呢？當他講完第一

個精彩故事以後，孩子立刻要求說第二個，接著又要求第三個，然後老師又讓步了，為他們講了第三個故事。

過了一段時間，就發現這位老師根本無法準備足夠的故事。但是我們不可能像蒸氣幫浦，不間斷的生產出故事給孩子聽，這當中必須要適時的做轉變。**故事說完了，我們要進一步讓孩子有機會提出問題，我們應該要能夠從孩子的臉部表情與肢體語言，看出他們想問問題。**我們給予提問的時間，然後和他們討論與剛剛講的故事有關的事情。

有可能會有孩子問：「為什麼這隻小狗要回答得這麼可怕呢？」你可以用一種孩子般的簡單方式回應，告訴孩子：「小狗的任務就是看門守衛，所以牠習慣要讓人們恐懼、讓人們害怕。」用這樣的方式解釋為何這隻狗會這樣回答。你也可以向孩子解釋：「為什麼小羊會那樣回答？」

在講完上述故事之後，你可以和孩子用這樣的方式討論一段時間。然後，你會發現一個問題會延伸到另一個問題，最後孩子會開始提出許多想像出來的問題。這時候，最重要的任務就是要「把絕對的權威帶進課堂之中」（關於權威一事，後面我們還會繼續談論到），否則就會發生這樣的情況：當你和一個孩子說話時，其他孩子會開始惡作劇以及出現各

式各樣的搗蛋行為。如果情況失控到你必須轉過身來斥責搗蛋的孩子時，你就輸了！特別是幼小的孩子，老師必須有能力避免讓自己過於關注許多事情。

我們學校裡的一位老師，他處理這類情況的方式讓我十分佩服。幾年前，在他的班上有一位經常搗蛋的孩子（他現在已經進步很多了）。當這位老師正在和一位坐在前排的孩子進行某項活動時，這個男孩從座位上跳起來，從後面給了前排孩子一拳。這個時候，如果老師生氣的責罵他，這個孩子就會更加調皮，然而，這位老師卻完全不動聲色。有些情況下，不動聲色繼續進行手邊的事情，是最好的處理方式。一般而言，特別去注意孩子所做的負面行為，是非常不好的解決方式。

如果無法維持課堂上的秩序，如果沒有這樣的絕對權威（稍後，我會談到要如何獲得這樣的權威），結果就會像我所說的其他例子：老師講述著一個接著一個的故事，孩子卻總是處於無法放鬆的緊張狀態，因為每當老師想要進到另一個話題並放鬆孩子的緊張情緒時（如果不想讓孩子一直處於緊張的狀態時，就必須這麼做），可能就會有一個孩子離開座位開始玩耍；另一位孩子也站起來，開始唱起歌；又有另外一位孩子開始跳優律思美；然後一位孩子打了隔壁的同學；還有一位孩子跑出教室。當這樣失控的場面變得十分混亂，就再也不可能把孩子拉回來一起聽下

一個精彩刺激的故事。班級經營能力的好壞，取決於你的心魂狀態與情緒。你可以自己去觀察、體驗這兩者之間奇妙的關聯。其實，最重要的在於老師是否有足夠的「自信心」。

經營班級的老師，必須處於
「能夠真正進入孩子內心」的情緒狀態

老師走進教室的時候，必須處於「能夠真正進入孩子內心」的情緒狀態。而要做到這一點，你必須十分了解班上的孩子。即便是班上有五十位或更多的孩子，你也會發現，自己其實可以短時間內就獲得這樣的能力！你可以了解所有的孩子，並在腦海中有著他們每一個人的影像；你會知道每個人的氣質、特殊天分以及他們的外表等等。

教師會議是整個學校生活的核心，而在會議中，我們會針對每一位孩子的個別特性仔細討論，教師可以從這樣每週的會議討論中，逐漸學到「所有學習都必須以孩子的個別特性作為優先考量」。老師就是透過這種方式來精進自己。

孩子就像是一連串的謎語，你必須帶著「想要解這些謎語」的心情走進教室。當老師與孩子的內心無法相接應時（有時候確實會如此），可

能在課程還沒開始多久，孩子就已經開始惡作劇或爭吵了（我知道英國的情況比較好，我所說的是在中歐的情況）。而這樣的狀況也經常發生：最後，這位老師無法持續帶領這個班級，學校必須找另一位老師。而新老師帶著同樣的班級，卻從第一天開始，就像是帶領了完美的一班似的！

了解孩子的特質，營造適當的教學氛圍

其實在實際教學現場裡面，這樣的情況常常見到。然而，這一切只取決於老師是否願意每天早上花一點時間，將所有孩子的特點在腦海中想過一遍。

你可能會想：「這至少得花上一小時的時間。」實際上，如果真的得花上一個小時的時間，的確是一件很難做到的事情。然而，事實上卻只要十～十五分鐘就能夠完成。老師必須逐漸培養「看穿每位孩子內心與心魂感受」的能力，這樣一來，才能立刻看出課堂上的任何狀況。

首先，老師必須要很了解孩子的氣質，才能夠營造出適當的氛圍，並且說出這麼一個充滿圖像的故事。這就是為什麼在教學上，依據每個孩子不同的氣質、用不同的方式來對待是很重要的。你也會發現，一開始最好讓氣質類似的孩子坐在一起。你可以馬上知道這裡是一群火象的

孩子，那裡是土象的孩子，然後風象的孩子在那邊。這也能讓你從更利於觀察的角度，來看整個班級。

透過這樣的做法，你**先了解孩子，然後依據他們的性格來安排位子，其實就默默的建立了你在班級中無法撼動的權威**，這樣的效果常常是來自於你沒有預期到的事情。所有教師和教育工作者，都必須持續內心修練。

如果把水象的孩子放在一起，他們會相互糾正，因為彼此之間會感到無聊，以至於對自己的一些水象特性感到反感，然後進一步做改善；火象的孩子會互相攻擊，最後會厭倦彼此的火爆。所以說，相同氣質的孩子坐在一起時，特別能夠互相磨掉對方的稜角。但是，當老師對孩子說話時，例如在與他們談論剛剛說的那個故事時，老師必須本能的根據每個孩子的不同氣質來面對他們。

比如說：面對水象的孩子，在和他談論剛剛講的故事時，就必須表現得比這個孩子更水象；對於風象的孩子，他總是很快的從一個畫面跳到另外一個畫面，無法在同一個畫面逗留，就得比他更快的轉換畫面。對於火象的孩子，你必須讓自己也變得火象，以一種快速、強勢的語氣來教導他，這時候，你就可以看到你強勢的樣貌，讓火象的孩子對於自

己同樣的某些火象特質感到厭惡。有時候，我們得以子之矛攻子之盾，只要注意別讓自己變得太過火就好了。就這樣，你就能夠漸漸創造出一種氛圍，而像這類的故事不僅僅是與當下有關，未來也可以拿出來繼續討論。

同一個故事，孩子可以在不同的成長階段獲得不同的啓發

不過，讓孩子重述你所說的故事之前，必須先和孩子討論這個故事。當你剛講完一個故事以後，立刻說：「艾迪・米勒，你來把這個故事再說一次。」這麼做沒有任何意義，你必須和孩子先討論過，再讓孩子重述故事才有意義（無論這段討論是聰明的還是愚蠢的。在課堂上，你不必總是表現得聰明，有時候可以表現得傻傻的，多數情形都可以先裝傻）。透過這樣的方式，才能讓孩子將這個故事內化成自己的故事，你才能選擇是否讓他們重述這個故事。

然而，其實孩子是否能夠記住這樣的故事一點也不重要。事實上，這裡所說的孩子，年齡大約是在換牙期到 9、10 歲之間，對這些孩子來說，記住這樣的故事根本不是問題。就讓孩子記住他們所能記住的、忘

記的就讓他忘記，因為訓練記憶力可以在講故事以外的課程完成。關於這一點，我後面還會有說明。

但是，現在讓我們先來想想以下問題：「為什麼我會選擇這個特定內容的故事？」那是因為，在這個故事中的思考圖像，可以陪著孩子一起成長。

故事中有許多的細節，在未來，你都可以回頭和孩子一起討論。小紫羅蘭感到害怕，因為她看到上方有一個大紫羅蘭。你還不需要跟年紀幼小的孩子解釋這一點，但是往後當你在處理更複雜的教學事物，當「恐懼」的問題出現時，就可以回溯這個故事。

這個故事包含著渺小以及巨大的東西，而事實上，渺小以及巨大的事物，在生活中經常是反覆出現並相互影響。所以，你未來可以再度回溯到這個故事。故事的前半主要是在說「狗給予了不懷好意的回答」，以及故事後半，則是說「小羊給予了善意的解答」。當孩子漸漸長大後，並懂得珍惜這樣的事物時，你可以輕鬆回溯之前講過的故事，並引導孩子思考關於善與惡，以及根植於人類心魂深處對於這種對比的感受。即使是年紀較大的學生，也可以回到這個簡單的童年故事。你可以清楚的讓他們了解：「我們害怕的事情，往往是因為對這件事的誤解，

或是因為它們被錯誤的呈現。」這樣強烈對比的感受，如果在往後課程上有可以相連結的部分，就可以拿出來和孩子一起重新回顧，**用後面的課程來印證過去所說過的故事，這是對這故事最好的展現方式。**

在未來才會上的宗教課程中也是如此。這個故事可以用來印證孩子如何透過巨大的事物，發展出對宗教的情感。對於渺小的事物來說，巨大的事物就是他的保護傘，而每個人都必須透過「找到自己偉大的地方」，以找到想要保護他人的動力。小紫羅蘭是一株小小的藍色花朵，而天空是一個藍色的龐然大物，因此對紫羅蘭來說，天空就是紫羅蘭的保護者。

這樣的涵義，在各個階段的宗教課程都用得上。你可以透過這樣的故事讓孩子知道「每個人的心就是神的心」，這是多美麗的比喻啊！你可以對孩子說：「你看，對紫羅蘭來說是保護神的這一片天空，那麼湛藍又這麼巨大，向四周不斷的延伸。仔細想想，如果取出這片藍天的一小部分，那就是紫羅蘭了。因此上天就如同浩瀚的海洋，每個人的靈魂就是這海洋中的一滴水，而海洋中的每一滴水，就和海洋是一樣的，所以你的靈魂就和上天一樣偉大。」

只要能夠找到合適的圖像，在孩子年幼時用這樣的方式來教學，未

來當孩子漸漸長大以後，你又可以再度回溯到這些圖像相互對照，但是你必須樂於去創造這些圖像。當你憑藉著自己的力量創造出十幾個故事出來了以後，你會發現你將文思泉湧，靈感隨時隨地都會湧現。

因為人類的心魂就像是取之不盡的泉水，一旦被召喚出來，就有源源不斷的寶藏傾瀉而出。 但是一般人十分怠惰，不願意花費任何力氣去激發出早已存在每個人身上的潛能。

圖像的平衡與對稱練習，
讓孩子發展觀察力與想像力

我們現在要講到另一種圖像教育方式。我們必須謹記，對於年幼的孩子來說，還不能在他們的身上開發屬於成年人的那種智識性的能力，所有的思考都應該以圖像和想像的方式發展。

下面說到的幾種練習，連 8 歲的孩子也可以很容易做到，即便他們一開始沒辦法做得很好也沒有關係。例如：你畫出下頁的這個圖（見圖a）。你必須嘗試用各種不同方式，讓孩子感覺到這個圖還沒有完成，好像少了些什麼。至於如何能達到這一點，當然就取決於每個孩子的個性。

比如你可以跟孩子這麼說：「你看，這一
條線走到這裡（左半邊），可是這一條線走到這
裡就沒有繼續往下走了（右半邊，未完成）。這
樣子不太好看啊，一邊到這裡，另外一邊到這
裡就停了。」就這樣，慢慢帶著孩子完成這個

圖形，孩子就能夠感覺到這個圖形尚未完成，而他們要去完成它。最
後，孩子會在這個圖形上加上這條線完成這個圖形。

　　我現在會用紅色粉筆畫出這條線，孩子當然可以用白色的粉筆畫得
一樣好，而我現在只是用另一種顏色讓大家知道要增加的線條是哪一
個。起初，孩子可能畫得非常笨拙，但是**透過這樣的平衡對稱練習，孩
子將能夠發展出極具觀察力與充滿想像力的思考方式**。這麼一來，所有
孩子都能夠透過圖像的方式來思考。

　　當你成功讓班上幾個孩子完成了這樣的簡單圖形以後，就可以帶著
他們做更進一步的練習。你可以繪製如
右圖的左半邊圖形（見圖 b 的左半邊），
然後讓孩子感覺到這個更複雜的圖形還
沒完成，接著你就可以引導孩子完成缺
少的右半邊，讓它成為完整的圖形（圖 b

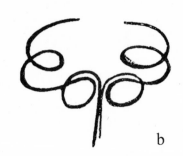

的右半邊）。透過這種方式，可以激發出孩子對圖形的感覺，幫助孩子體會對稱感與和諧感。

這樣的教學還可以更深入。比如，你可以激起孩子對於這個圖形的內在規則感（見圖c）。他們會觀察到某些地方線會合併在一起，而某些地方線會分開。你可以很容易的讓孩子感受到這種線條的分分合合。

然後，你再進到下一張圖（見圖d）。把原來的曲線改成有稜有角的直線，裡面的線條也必須隨之對應改變。當然，這對 8 歲的孩子來說，會是一個困難的任務，但是，特別是在這個年齡，如果你能讓他們用這樣的方式來完成各式各樣的圖形，就算是很大的成就了，就算你事先讓他們看過這些圖形也沒有關係。你應該讓孩子自己畫出內部的線條，他們必須了解這些線會與前一個圖形類似，但只能用不同角度的直線來表示。

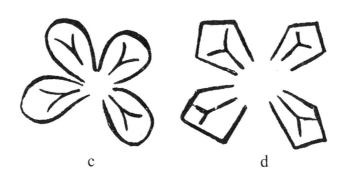

c   d

這就是我們如何教導孩子，讓他們能真實的感受到形線、協調、對稱，以及對應線條的方式，且從中傳達了物體如何鏡面映照影像的概念。如果說，這是水面（見圖 e），然後這裡有一個物體，你必須在孩子的腦海中激發出這物體的在水中倒影的影像。透過這種方式，可以帶領孩子去觀察世界上存在許多有協調感的東西。

e

你還可以讓孩子做出以下的身體動作，讓他們的圖像與想像力思考技巧，更加熟練與靈活：

「用你的左手摸你的右眼！」

「用你的右手摸你的右眼！」

「用你的右手摸你的左眼！」

「用你的右手繞過你的脖子摸你的左肩！」

「用你的左手摸你的右肩！」

「用你的右手觸摸你的左耳！」

「用你的右手摸你的右腳大拇指！」等等。

讓孩子做出各種奇怪的動作，例如：「用你的右手向左邊畫出一個

圓圈（逆時針方向）！用你的左手向右邊畫出一個圓圈（順時針方向）！
用你的雙手畫出一個互相交會的圓圈！兩隻手分別以不同的方向畫出兩
個圓圈。然後越畫越快越畫越快。現在，快速移動你的右手中指。現在
換成大拇指，現在換成小指。」

　　因此，孩子可以學會在這樣快速又要保持警覺的狀態下，進行各種
動作。而這樣的結果會是什麼？當孩子 8 歲的時候做這樣的練習，他們
將學會如何思考——能夠讓他們思考一輩子的方式。直接透過頭腦訓練
的思考方式，並不是能夠持續一輩子的思考方式，人們思考一陣子後，
就會產生「思考疲憊」的感覺。但相反的，**如果是透過身體需要隨時保
持警覺、隨時需要做出反應動作，而這樣的動作必須先經過思考才能做
得出來，這樣的思考訓練，讓他們在未來處世上能夠更加的明智和謹
慎。**這些人在 6、7 歲時所做的練習，會在 35、36 歲時的處世智慧上，
顯現出關聯性。

　　因此，人類生命不同時期之間，是相關聯的。也因為對人類有這樣
的了解，你更必須全力將該教的東西在教學中帶出。

　　同樣的，你也可以讓孩子去感受到色彩的協調。比如說：你和孩子
一起做一些練習，首先先用紅色畫出一個東西（見圖 f）。然後再讓孩子

f

看看在紅色的周圍塗上綠色的協調感。這當然就需要用顏料來進行，孩子才能更容易看出來。然後，你可以試著向孩子解釋接下來將會將顏色調換。

「接下來我會把裡面塗上綠色（見圖g）；那麼外面應該要塗上什麼顏色呢？」孩子就會把周圍塗上紅色。

g

透過這樣的練習，你可以漸漸的讓孩子感受到色彩協調的感覺。孩子一開始看到我在中間塗上紅色，然後周圍塗上綠色（見圖 f），以此類推，如果紅色部分變成了綠色，那麼綠色部分就必須變成紅色。在 8 歲這個年紀，讓孩子去感受這種色彩和圖形的對應是非常重要的。

整段式教學，讓孩子有足夠的時間消化

正因為如此，所有課程都必須有一定的內在型態，要讓這樣的教學方法成功茁壯，那麼有一件事十分必要，就是「得屏除一般學校的課表作息」。

在華德福學校，我們有所謂的「整段式教學」（period teaching），而不是傳統的上課時間表。我們一個主題課程會持續上四到六週，在這段時期內每天都會持續上同樣的主題。我們的課程安排不是從八點到九點數學課；九點到十點閱讀課；十點到十一點寫作課。而是每天早上主課程的時間，會針對一個主科目連續上四週，當孩子在這個主科目中的學習已經夠深入了，我們就會換另一個主科目。

我們從來不是透過一天之內變換好幾個不同主科目的方式來交替，而是連續上幾週的數學，然後再視情況換到另一個科目。但是也有一些科目是需要每週定期教學的，這個部分我之後也會談到。然而，對於所謂的「主課程」，我們則是非常嚴格遵循在完整的幾週內，每天都進行相同的主題課程的整段式教學。連續幾週，我們只上一個主題科目，但是這些課程可以連結其他相關的課程。

只有如此才能免於傷害孩子的心魂生命，也就是說，**在這期間所學到的東西，有足夠的時間可以消化，不會為了緊接著的主題科目而囫圇吞棗。**也只有採取「整段式教學」才能避免造成傷害。

我相信，很多反對這種教學法的人認為：「這樣子，孩子會忘記所學到的東西。」其實，某些特殊主題課程才有這個問題，例如：算術。

而像算數類的課程，依然可以透過頻繁反覆的小複習來改善這個狀況。

對於其他多數科目來說，這種孩子會忘記的問題並不大，相較之下，這樣的教學方式，反而能讓孩子獲益更多。

從整體來看的數學教學法，
讓孩子擁有靈活的思考

（1924 年 8 月 16 日，於英國托奇鎮）

如果你從遠處看，應該會先看到一整片的森林，直到你走近

時，才能看得到這片森林是由一棵棵樹所聚集而成。這就是你

教算術應該要用的方式。

老師對於自己所教的科目，都要了解其真正的本質，這樣一來，教學內容才不會背離真實的生活。只要是與日常生活有密切連結的事物，大家都能夠輕易的理解。我甚至可以這麼說，**任何人真正理解的事物，一定是與實際生活息息相關，絕不是那些抽象的概念。**

算數，必須從生活層面中學習與理解

然而，在今日，我們會發現很多老師的教學構想都太過抽象了，因

此老師本身就已經背離了現實生活。這就是當今教育遭遇到的最大困境。讓我們回想一下，你最早是怎麼開始數數字的？當你數數的時候，又發生了什麼事情呢？你可能會發現，這個回憶在某個地方斷了線，你一定知道自己曾經學習如何數數字，但是你一定不記得在學數數的時候，自己做了什麼。

現在，關於如何教數數與算術，有著各種五花八門的理論，大家也都習慣性的依照這些理論來進行教學。雖然說這樣的教學方式，表面上看來似乎是具有成效的，但是這些教學方式並沒有將數學與真實的生活緊密連結，無法讓數學真的觸及孩子的內心。現代的發明用算盤來教數學，更證明了大家在抽象中過日子。在一般的商業環境中，人們可以盡量用各式各樣的計算機，這並不是我們目前所關心的課題，但是在教學上，計算機的使用完全都是用腦的活動，造成你從一開始就無法讓孩子依照本性來面對這些數字。

算術應該要源自於生活，這是非常重要的一點，且一開始就要理解：絕對不能期待孩子能夠完全了解你所教的每樣東西。你要知道，不應該期望孩子了解你所教的每一樣東西，這是很重要的一個概念。**孩子就是得接受權威的教導，但是必須用一種十分自然而且務實的方式來達成。**

也許你會覺得，後面要講的東西對孩子來說太難了些，但是這都沒有關係，最大的意義在於，當孩子長到了 13、14 歲的時候，可能會突然間說：「啊，在我 8、9 歲的時候，老師教的那些東西，現在終於懂了。」就在這個時刻，孩子內在的新生命就被喚醒了。但是，如果仔細看看現代這些教學上大量採用的「實物教學法」（object lesson），你就會感到十分失望，因為他們為了要讓孩子更容易理解，把所有內容都切成瑣碎的片段。

現在，想像面前有一個手腳還不怎麼靈活的幼兒，你對他說：「你看我手上的這塊木頭，我現在可以用這把刀把這塊木頭切成好幾片。那麼，我是否也可以把你切成好幾片呢？」這時，孩子會說：「不行。」然後我就會說：「你看，我可以把木頭切成兩半，但是我不能把你切成兩半，因為你和木頭不一樣。而最大的不同就在於你是一個整體，你就是一個『一』，而木頭不是一個『一』，你自己就是一個完整的單位，我不能把你分成兩個，所以單一的你就是『一』。」

然後你循序漸進，讓孩子看看這個「一」的符號長什麼樣子。在黑板上面畫出一條線「I」，然後讓孩子知道，這就是代表「一」單位的符號。

接著，可以不用再拿木頭和孩子來比較了。你可以說：「你看，這是你的右手，但是你還有另外一隻左手，而這兩隻手都可以個別的自由活動。如果手只能跟著身體動而不能自由的活動，那這樣雙手就無法像這樣相握了。你看，我們移動右手的時候，左手也可以同時移動，讓兩隻手相握，這和『一』的情況就不同了。當你的身體只能單獨走動時，那就是『一』的個體，而你的一隻手可以碰到另外一隻手，這就是『雙』，也就是『二』。 所以說，你是『一』個個體，而你有『二』隻手。」然後老師就可以在黑板上畫上「II」的符號。

就這樣，你讓孩子從自己的身上去體會「一」和「二」的概念。

再來，你可以請另外一位孩子出來，然後說：「當你們兩個面對面走向對方的時候，你們會碰面，然後可以觸摸到彼此；這時候就有兩個人，你們也可以有第三個同學加入你們。這是你的雙手做不到的。」然後就在黑板上寫下「III」。

用這樣的方式，你可以從「人」的身上，找出所有數字，而人是活生生存在的，一點也不抽象。你這時可以說：「大家一起來找找自己身上屬於『二』的部位。」孩子就會想到他們有兩條腿和兩隻腳。然後又可以問：「大家應該都看過小狗吧？小狗也是用兩隻腳走路嗎？」孩子

就會聯想到「IIII」代表的是小狗用「四」隻腳走路，就這樣，漸漸的從真實的例子中建構出他們的數字概念。

最自然的算術，是用身體運算，而非運用頭部

　　老師的眼睛必須隨時保持敏銳、隨時能夠了解眼前看到的所有事情。這樣，很自然的就會從羅馬數字開始教起，因為孩子看到了就很容易理解，當你比手勢，從四到五很容易，把大拇指收起來的時候是「IIII」，就像是狗的四條腿一樣，然後把大拇指再加進來，就變成「V」了。

　　曾經有位教師，當他的數字教到這裡（羅馬數字）時，他卻看不出為何羅馬人沒有用五根線來代表五，而是用「V」，我說：「那我們現在來做做看。手張開的時候，四根手隻分在一邊，和大拇指分開來，這樣一來這個『V』的形狀就出現了。所以，其實羅馬數字的五代表的就是整隻手，而這個字當初也是源自於此。整隻手都在這個「V」裡面了。」

　　講座的時間很短，我們只能講到一些大原則，但總之，這些方式讓我們能夠從真實的生活中找出數字，當我們帶著孩子從真實生活中看見

這些數字之後，才能開始讓孩子進行依序數數，而且過程中，孩子應該要以行動參與。

讓孩子依序數數時（比如說要孩子從一開始數到十等等），老師應該先從帶有節奏的數數方式開始。假設，我們先從一數到二開始，那就是「一二、一二、一二……」同時讓孩子跟著打拍子，數到二的時候，就讓他們踏一下地。接著從一數到三，數到三的時候，腳踏地，有節奏的數「一二三、一二三……」我們將規律的節奏帶入了數數中，**在教數數的同時，我們培養了孩子全面性的去了解一件事情的能力，這才是教孩子數字的自然方式——從實際的生活中了解數字是什麼。**

一般人想到數字，通常會直接想到一個數字加上另外一個數字。然而，這並非事實，其實頭根本就不會算數。日常生活中，人們其實完全不了解，頭是一個非常特殊器官，對於日常生活並沒有太大的幫助。說實話，就是為了美觀而已，因為我們的臉部外貌可以相互取悅對方。

雖然說頭還是有一些其他的功用在，但是事實上從靈性運作而言，頭看不出有什麼特別的用途。頭部的靈性特質其實是前世蛻變而來，只有當我們對前世生活有所了解以後，頭部的存在才有真正的意義。至於其他的實際運作，都是來自於身體的其他部位，跟頭一點也沒有關係。

事實上，當我們在算數的時候，潛意識裡會用手指來算。當我們從一數到十，會用手指算，開始算到十一、十二、十三的時候，就會把腳趾也加進來。你可能看不到自己正以這樣的方式數到二十，但是當你用這樣的方式數到二十的時候，會投射到頭部，頭只是在一旁看著這一切身體的運作，純粹是個旁觀者。一切都是身體在思考、身體在算數。

　　我這邊有一個非常合適的比喻：你非常舒適的坐在一輛有司機的車子裡，你什麼都不用做，全程都是由坐在駕駛座的司機努力開車，帶著坐在車子裡的你四處逛逛。頭部正是如此，不用費任何力氣，它就在你身體的頂部，如同一個旁觀者靜靜的被身體一起帶往各處。**所有生活中的一切運作，都由身體完成。數學是用身體運算的、思考是由身體進行、感受也是透過身體產生的。**珠算盤的出現，就是因為錯誤的認為「我們是用頭部計算」，於是我們用珠算盤來教孩子加法。然而，這麼一來，孩子的頭部就被迫工作，然後頭再將工作交給身體運作，因為終究是身體要來做計算。

　　必須由身體做計算這件事，其實十分重要，但是卻完全被忽略而沒被考量進去。所以說，讓小孩用手指、腳趾去計算是對的，因為它確實能讓孩子發展各方面好的能力。事實上，讓人們能夠具備各種不同技能是非常好的一件事。然而，這無法光靠運動來達到，因為運動並不會讓

人得到技能。

如果你讓一個人用腳趾夾著筆，學會用腳寫字，他就能得到了一些技能。這可能很有意義，因為事實上，心、靈是存在於一個人的全身的。當你用全身去學習時，頭就像個舒適坐在車子裡的人，而身體每個部分就是那個努力開車的司機，努力開車帶著頭部四處走動。

所以，老師必須從各方面來建立孩子算數的能力。當你進行這樣的教法，一段時間後就要再更進一步，而且不能只是教一個數字加上另外一個數字（其實這個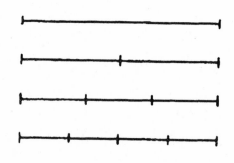部分是算術中最不重要的）。此時，你應該要這樣教：「這是一個完整的東西，我們現在把它這樣分開，就會變成兩個了。這並不是兩個完整的東西加起來變成二，這兩個東西是從這個「一」而來的。」然後，三、四也都用同樣的方式。這樣，你可以讓孩子感受到，「一」本身就包含了「二」、「三」、「四」，如果能用上圖中所述的方式計算一、二、三、四等等，孩子對數字的觀念才會是活的，並能發自內心體會到數字的本質。

教學必須先認識整體，再拆解為各個部分

在過去，人們根本不知道現代這種用一顆豆子加一顆豆子，或是珠算盤的計算概念；在那個時候，單一這個單位就是最大的了，二就是一的一半，以此類推。所以，你就能夠理解，算術的本質是從物體的外在整體來看。培養孩子的思考時，也要用這樣的方式，要先能看到整體，因此得盡量避免用抽象的概念教學。

孩子於是以循序漸進的方式學習數字，比如先學到二十，然後再到一百，以此類推。如果你朝這個方向來教學，你便能教會孩子用更靈活的方式來計算。我要強調一件事，在正式進入加法以前，必須讓孩子先熟悉這種真正的計算方式，之後才能正式進入四則運算。

四則運算也必須來自於生活。任何活的東西，都必須把它當作整體來看。教孩子從部分去拼湊出整體，是十分錯誤的教法。**應該要教他們先看到整體，然後再將這個整體拆解成各部分，這才是一個活的概念。**

現在，這個物質化時代對人類文化所產生的許多重大影響，都被大家忽略了。例如，大家都認為該給孩子玩那些一箱一箱的積木，用這一塊塊的積木去建造東西沒有什麼不對的地方，反而認為是理所當然。然

而，這類遊戲的本質上卻會讓孩子與生活產生距離。**孩子的天性並不會想要將拆解的零件拼湊成一個整體**。我們得承認孩子確實有著許多需求和慾望是會增加大人的麻煩。比如說，你給了孩子一隻手錶，你會發現孩子馬上就會想要拆解它，這就是把一個完整的東西拆解成一個個的零件，這也確實比較符合人類的本性，想要看看這個東西到底是由哪些零件所組成。

我們在教算數的時後，一定要將這一點考量進去。這會對我們的整體文化有很大的影響，從下面的例子就可以看出。

在十三、四世紀以前，人們很少會想要從零件去組成一個完整的整體的想法，這樣的概念是後來才興起的。偉大的建築師都是先有了整體建築物的想法以後，再細分成不同的細部工作到最後建造完成；而不是從細部開始，然後由不同部分再組成完成的建築物。

這種以部分開始到完成的方式，真的是後來才出現的。然而這樣的概念，讓人們認為所有的東西都是由很小很小的元素組成，而衍生出物理學中的原子論。其實，這些都是從教育衍生出來的。

原子的原意是小到微不足道的東西，一般有學識的人不會去談論這些東西，但是現在大家越來越習慣從各種小地方去拼湊出教學方式，於

是原子論因而興起。我們現在常常會批評原子論，然而這樣的批評已經於事無補了，因為人們已經沒辦法轉變過去四、五百年的錯誤想法；人們的想法已經習慣由部分到整體，而不是由整體到部分。

從整體開始教起，可以讓孩子的思考更加靈活

這些都是教算數時，必須牢記在心的觀念。如果你從遠處看，應該會先看到一整片的森林，直到你走近時，才能看得到這片森林是由一棵棵樹所聚集而成。這就是你教算術應該要用的方式。例如，在你的皮包中有一堆銅板，而這堆銅板總共有五個銅板。所以說，這五個銅板是一個整體，這就是我們首先看到的。同樣的，當你煮豌豆湯時，你會說你放了一堆豌豆，而不是先說你放了一、二、三、四、五甚至三十、四十顆豌豆；甚至蘋果，一籃蘋果也會先說我的籃子裡有一堆蘋果，而不是一、二、三、四、五、六、七顆蘋果。因為，在籃子裡的蘋果是個整體，有幾顆蘋果又有什麼關係呢？你就是帶了一堆蘋果回家（請見下頁圖）。

現在，假設你有三個孩子，你也不可能把蘋果平均分給每個孩子，因為孩子有大有小。你將手伸進籃子裡，抓多一些蘋果給比較大的孩

子，然後抓少一些蘋果給比較小的孩子，就這樣把這一堆蘋果分成了三份。

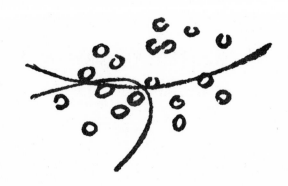

每次說到分配或分享，這會是一個有趣的狀況！有一位母親買了一塊大麵包，她跟小兒子說：「亨利，這塊麵包你和姊姊兩個人分，不過你一定得按照基督徒的方式來分。」亨利就問：「按基督徒的方式是怎麼分的呢？」母親就說：「哦，就是要把麵包分成兩片，一片大，一片小，大片的給姊姊安娜，然後小片的留給自己。」於是，亨利就說：「那這樣的話，何不讓安娜照基督徒的方式來分麵包呢？」

說到這裡，你需要加入一些其他觀念來協助孩子理解。這時，我們就會這麼做：假設把這一部分的蘋果給其中一個孩子（上圖中的線用來區分），然後這一堆給第二個孩子，最後這一堆給第三個孩子。他們已經學會如何算術，所以對整體都有很清楚的概念，先算出這一堆的蘋果數量，總共是十八顆蘋果。

現在，再算出每一個孩子各自得到幾顆。第一個孩子拿到了幾顆？

五顆；第二個孩子拿到幾顆？四顆；那第三個孩子呢？九顆。所以，大家應該可以清楚的看到，我先從整體開始看，先數一整堆的蘋果全部有多少，然後再來數分成三份後，各自的數量。

但是，一般算術都是這樣教的：「你手上有五顆，然後這裡有五顆，那裡有八顆；把這些蘋果加起來，總共有十八顆。」這就是從部分來看整體。然而，這樣的教學會讓孩子的觀念變得很死板，無法活用學到的概念。所以，一定要由整體開始看起，總共有十八顆蘋果，然後再分成各堆的數量，這是加法應該採用的教學方式。

所以，教學時，要從總和開始進入，不要從個別的被加數開始。總和就是整體，然後再把這一個整體分成個別的被加數。接著，可以讓孩子觀察這個總和會因為不同的被加數而有不同的組合方式，但是最後這個總和卻能夠維持不變。這樣子**從總和開始，再發展出被加數的方式來教加法，和一般從被加數開始，而得到總和的教學方式剛好相反，但卻更能達到靈活的概念**。你也會看到，當我們看的是一個單純的數字，這個總數的數字不變，被加數可以有許多的變化組合。一個特定的總數，都可以被許多不同的被加數組合而成，在這樣的教學方式下，孩子能夠看得非常的清楚。

教學必須讓孩子能夠得到更靈活的概念，
而非死板的觀念

　　接著，我們可以從這一點更深入的討論。如果這個東西本身隱含著一個數字，但卻非一個單純的數字，以人為例子，你便無法隨意把人分割組合。就拿人的軀幹來說，和軀幹連結的有頭、兩隻手臂以及兩條腿，這是無法隨便分割的，你總不能說「我現在要把一隻腳分割開來」，或是說「把一隻手分割開來」之類的。因為大自然早已安排好每個部位的位置了。若不是類似這樣的情況，而只是單純的數字計算時，就可以用各種方式來分割、分配這些數字。

　　這樣的教學方式，讓你能夠真正的將生活與靈活性帶入教學當中，迂腐的教學氣圍消失了，你也會看到教學內容中出現孩子非常需要的東西：**幽默進到了教學裡面，而且是一種健康的幽默，不是嬉鬧、好笑、幼稚、無厘頭的幽默。在教學當中一定要有幽默感。**[1]

　　所以，再強調一次，教學方式一定要從「整體」開始。假設從日常生活中找了一個例子：媽媽請瑪莉幫忙買一些蘋果。瑪莉拿了二十五顆

1　説到這裡，史代納博士特別轉頭跟翻譯説，請確認用正確的字眼來翻譯「幽默」（humor），因為大家經常會誤解教學上的幽默！

蘋果，結帳的時候，老闆娘在收據上寫下一共二十五顆蘋果。然而瑪莉回家時，袋子裡只剩下十顆蘋果。

事實就發生我們的眼前，瑪莉去買了二十五顆蘋果，但是回到家卻只剩下十顆蘋果，這是真實生活中可能會發生的事情。但是我們都知道，瑪莉是個誠實的小女孩，回家的路上她真的沒有偷吃任何一顆蘋果，可是回到家時，卻只剩下十顆。而現在，有一個好心人跑來，把瑪莉掉在路上的蘋果送了回來。現在，問題來了：「這個好心人會帶回幾顆蘋果？」

我們在遠處就看到這位好心人往這裡走來，但是我們想先知道他應該帶幾顆蘋果來。瑪莉帶回家十顆，但是她本來買了二十五顆，我們知道這個數字，是因為老闆娘在收據上寫了二十五顆。現在，我們想知道這個人應該要帶多少顆來，因為我們不知道這個人是否誠實。瑪莉原本買了二十五顆，她帶了十顆回家，所以她掉了十五顆在路上。

現在，我們已經知道總和。通常的教法是：你有了這麼多的東西，然後你得從裡面拿走一些，然後你得計算剩下了多少。但是在真實生活中（我們很容易就能注意到這一點），通常都是你知道原來有多少個，然後知道你剩下了多少個，得算出究竟少了多少個。

從被減數和減數開始，然後算出差額，這是一種非常死板的教學方式。但是，如果你從被減數和差開始，然後再找出減數，這樣的教學方式就靈活許多。這就是如何讓你的教學活起來的方式。

想想看瑪莉和媽媽，以及那位帶來「減數」的人的故事，瑪莉買的「被減數」中掉了「減數」，得靠手中所帶回家的「差」，算出這位好心人手上究竟有幾顆蘋果。這就是生活，你將真實的生命帶進減法教學。若你要孩子計算的是最後剩下多少，這樣呆板的教學方式會進入孩子的心魂。所以，在教學中的每一個細節，永遠要不斷的思考：「如何讓孩子能夠得到更靈活的概念，而非死板的觀念。」

教學時，不應過早帶入智識性與抽象性觀念

乘法也要用同樣的方式教導：「這裡是一個總數，也就是『乘積』，我們如何找出幾乘以幾，可以得出這個乘積？」這樣的想法就是靈活的。想想看，如果是這樣問問題會有多麼的死板：「我們現在要將這一群人分組，這三個人一組，這三個人再分成一組，再三個人，就這樣繼續下去……」接著你問：「那麼這一群人，可以分成幾組呢？」這就是非常死板、了無生氣的教學方式。

如果你用另一種方式，先看到整體，然後問：「在這整體裡，究竟可以分成幾組？」這就是有生命的教學方式。比如，你可以跟孩子說：「我們來算算看，你們這裡有幾個人？」接著，讓他們數數，然後問：「在四十五人裡面，是否可以分出五個人一組？」這時候，你就是先用整體去思考了。然後這五個人分成一組以後，若仍然要以五個人為一組，還可以再分成幾組呢？大家就可以發現，可以再分出八個五來。

當你用這種教學方式，從整體也就是乘積開始，然後找出某個因子在這個總數裡面可以發生幾次，這樣的乘法教學就是有生命的。最重要的是，你以孩子眼見的東西、可以理解的東西起頭，重點在於任何思考千萬不能脫離孩子的視覺經驗，否則將「智識性」（intellectualism），與「抽象性」（abstraction）的東西太早帶入孩子的學習過程中，對孩子的全人發展，會有很不好的影響。這會將他們榨乾，不但對心魂有影響，對肉軀也有影響，造成乾燥與硬化的情形（稍後，我還會提到如何將身、心、靈當作一個整體來教育）。

畢式定理與區域重疊法，
讓孩子真正內化的學習過程

這裡，我再說一次：「我們必須十分謹慎的選擇教算術的方式，一個人老了以後是否還是能夠保有靈活的肢體，與年幼時的算術教學方法息息相關。」你必須用我說的方式來教孩子，讓他用自己的身體來算術，先用手指頭計算：一、二、三、四、五、六、七、八、九、十，接著用腳趾頭繼續算下去，而這樣的算術方式是相當必要的。讓孩子習慣用手指與腳趾來計算到二十而不是運用算盤，是非常好的。用這個方式來教學，你就會看到他們進入有點孩子氣的「冥想」，你將生命帶進了孩子的身體，當孩子用手指或腳趾計算時，勢必會想到他們的手指與腳趾，這就是一種健康的冥想。

經過這樣教學的孩子，等到年紀大了以後，肢體仍然靈巧、手腳靈活，因為他們是透過全身去學習算術的。如果一個人只用頭，而非肢體或其他器官思考，年老後肢體會顯得僵硬，痛風便隨之而來。

所有的教育都必須從視覺上可以看到的東西開始發展（但並非現在所謂的「實物教學法」），我想，在這裡用一個實際的例子來說明這個原則，而這個例子在教學中也扮演了一個非常重要的角色。

我說的就是「畢氏定理」。我相信，未來可能會成為老師的你們，對這個名詞一定不陌生，甚至有的人可能已經有一定程度的了解了。但是，今天我還是要再講一次。畢氏定理可以當作幾何教學的一個目標，在課程設計上以循序漸進的方式，朝這個目標邁進，然後達成。畢氏定理指的就是一個直角三角形，斜邊平方等於直角兩邊的平方總和。如果對這個定理有真正的理解，就會發現這是一個偉大的定律。

我曾經教過一位老太太幾何學，她非常喜愛這個課程。我不確定她年輕的時候在學校是否學到多少，即便學過這個概念，顯然也都已經忘光了。她對幾何幾乎一無所知，於是我就開始一步一步，慢慢的從幾何教到畢氏定理。而學到畢式定理時，這位老太太非常的訝異。

我們對畢氏定理已經非常熟悉了，所以不覺得有什麼稀奇，但是這個定理其實非常簡單，這裡是一個直角三角形（見下頁圖），這個三角形斜邊上的正方形面積，等於另外兩邊正方形面積的和。也就是說，如果我在這三塊土地上種馬鈴薯，每株間隔相同，則在這塊大土地上所種的馬鈴薯，將會相當於另外兩塊小土地上所種的馬鈴薯數目的總和。

這確實是一個非常驚人的事實，然而，如果只是單單看這個圖，你真的無法看出來如何得出這樣的結果。

這正是畢氏定理的奇特之處，你無法看出如何得出這個結果，而這一點正好可以讓你好好利用，活化教學中內在的心理品質。這樣的教學精神是建立在「不那麼容易看出來」的事實之上，我們一定要不斷的認知到這一點。我們也可以這麼說：「你要相信這個定理，但是一陣子後又會開始產生懷疑。然後透過一再複習，又會重新相信，斜邊的平方等於直角兩邊的平方和。」

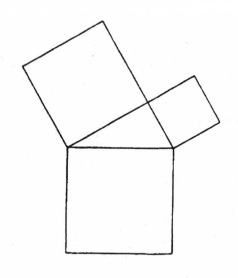

現在，有許多關於畢氏定理的證明方式，但是無論用什麼樣的證明法，一定要是視覺上能夠清楚看出來的方式（史代納博士以區域重疊法，詳細畫出畢氏定理的證明，主要是以口述方式加上一些在黑板上用不同顏色的粉筆畫出的方式說明，對於這個證明的口述逐字稿有興趣的人，請參閱 156～158 頁的附錄資料）。

如果你用這種「區域重疊法」的方式來證明，就會有所發現。如果你將重疊的部分剪下來，就會發現這很容易了解，比用畫的還來得容易了解。不論如何，你可能會覺得，沒多久就會忘記這個概念，這時候就

得重新複習才會再想起來。

這是無法輕易牢記在心的，所以得一再複習。而這樣的動作，其實是件好事，真的是一件好事，因為和畢氏定理的性質相呼應。每次複習過後又會忘記，這是很正常的，這也是偉大的畢氏定理的特質，你也因而將生命帶入了畢氏定理。你會很快發現，如果讓學生一再的複習，他們慢慢的就能夠理解。

這絕對無法一次就懂，每一次複習都得再重新思考一次，但是這和畢氏定理的內在本質剛好相呼應。用那種枯燥死板的方式來證明，即便他們一次就能了解，也是非常不好的方式。反而讓孩子不斷的忘記，然後再重新複習，這才是最好的方式。斜邊的平方等於直角兩邊的平方和，這就是畢氏定理的奇特性質。

對於 11、12 歲的孩子，你可以用這種「比較面積」的方法來教他們畢氏定理，當他們理解以後會非常開心。特別是如果你讓他們用剪貼的方式來證明，他們會十分熱衷於此想要一做再做。其中，也許會有幾個智力發展比較強的孩子（這樣的發展其實沒有什麼好處）可以一下子就記得了，所以每一次都能剪對。不過大部分的孩子（這樣的發展比較合理）在剪的時候都會一再剪錯，每次都得重新思考該怎麼下刀才正確。這正是畢氏定理的美妙之處，老師千萬不要背離這美妙之處。

附錄

運用區域重疊法證明畢式定理

證明畢氏定理

（原本，史代納博士是用顏色來解釋，但是這裡無法用色彩來表示，因此改以字母或數字方式來表示。）

如果這個三角形是等腰三角形，就十分容易證明。這裡有一個直角的等腰三角形（見圖 a），那麼，這裡是一邊，這是另一邊，而這裡則是斜邊。這塊正方形（1、2、3、4）等於兩個邊的平方。

所以說，如果在 2、5 以及 4、6 這兩塊地上種馬鈴薯，所種的數量將會等於我在 1、2、3、4 這一塊地上種的馬鈴薯數量（假設我種植馬鈴薯的間距都相同）。1、2、3、4 是三角型斜邊的平方，2、5

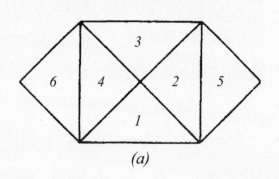

(a)

以及 4、6 則分別是兩邊的平方。

你可以說，很明顯的可以這樣證明：2 和 4 都已經是 1、2、3、4 中的一小塊了（1、2、3、4 是斜邊的平方）。然後又可以看到 5 又剛好和 3 一樣大，如果你把這些都剪下來，就會發現 6 剛好和 1 一樣大。所以很容易在等腰直角三角形中證明畢氏定理。

但是，如果你有一個三邊不等長的非等腰三角形時（見圖 b），你可以這麼做：

先畫一個三角形 ABC；然後再畫一個正方形 ABDE。然後再畫一個像 ABC 一樣的三角形在這邊 DBF。然後我們再把 ABC 或 DBF（這兩個都是一樣的三角形）放到這上面來 AGE。然後你就可以畫出三角形 ABC 中 AC 邊的正方形 CAGH。

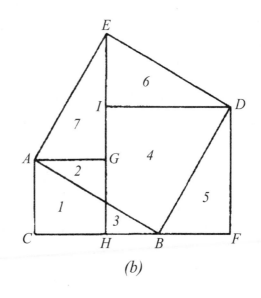

(b)

然後你就會發現，我現在可以畫出一個和 BCA 全等的一個三角形

DEI。所以 DIHF 就等於三角形 ABC 中 BC 邊的正方形。所以你可以看到，我這裡已經有兩邊的平方面積了，一邊我是用 AG 為邊，另外一邊我是用 DI 為邊。而這兩個三角形 AEG 和 DEI 也是全等。那斜邊的平方在哪裡呢？就是 ABDE。這裡你可以看出來 1、2 加上 3、4、5 剛好等於 2、4、6、7。

現在，我拿這個正方形 CAGH 以及正方形 HIDF，這兩個正方形和另一個正方形 ABDE 各別有一個共同區域，就是 2 以及 4。如果我現在把 2 和 4 都拿走了，AGHC 以及 DIHF 這兩個正方形裡面就只剩下 1、3、5 了。那麼 1、3、5 是不是可以填上 ABDE 中所剩下來的區域呢？我們看看 5 剛好和 6 一樣大，這樣就剩下 1、3 了。然後我們又可以發現 1、3 剛好和 7 一樣大。這樣就完成證明了。

第 6 講

讓孩子從內在，
學習對語言真正的感受

（1924 年 8 月 18 日，於英國托奇鎮）

整個語言是由出自於表達內心的驚訝、驚奇、自我防衛或自主
等感受的母音，或是出於模仿外界現象的子音共同建構出來
的。孩子應該學會從外部物體，以及對這些物體的感受來發展
出聲音，一切都是出自於對語言的感受。

今天，我們要繼續講一些教學方法。在這裡，我要先說一下，在
這麼短短幾個講座內，我們只能講到一些大原則。你也可以自
己去讀一些關於「華德福學校課程講座」的相關文章，與你在這幾堂講
座中所學到的相互印證，應該就能更了解。

我們對於從換牙時期到青春期之間孩子的圖像，一定要很清楚。我
們必須知道，在孩子換牙之前，從父母那裡遺傳而來的特質，扮演著決
定性的因素，而在換牙前的這七年，這一副遺傳而來的身體已經漸漸被

新的身體所取代。到了換牙的時候，表示身體已經完成轉換的程序，也代表著是心魂與靈性開始工作的時候。

生命的頭七年，正是形塑身軀最重要的時刻

我前面說過，如果這個孩子的心靈本質堅強，我們會發現他們在換牙至青春期的這段時間內，比起換牙之前的身體會有很不同的變化。然而，如果這個孩子的心靈本性比較虛弱，我們則會發現他們的身體狀態與原來遺傳而來的身體變化不大，因此即便已經到了學齡後，我們仍然得將孩子的祖父母，以及父母對孩子根深柢固的影響考量進去。

我們心中一定要很清楚，**生命體要到換牙以後才真正開始獨立運作。在頭七年，生命體得將所有的精力放在建立第二套物質體（身體）的工作上面。**因此，我們也可以把這時候的生命體視為內在的藝術家，它是個雕塑家、模板師傅。孩子 7 歲以前，生命體將所有的力量都用在形塑物質體上，直到孩子換牙以後，它在物質體上的工作正式告一段落，才開始有餘力將力量放在孩子的心魂與靈性。

從實際形塑的過程中，真正理解人體器官

這也是為什麼孩子總有一種想要塑形或畫畫的渴望，這些都是孩子在 7 歲以前，生命體在體內對物質體所做的影響。而現在，生命體對於物質體的任務已經結束，或至少不需要花費那麼多的力氣在那上面，所以能夠把力量用在其他的地方。

所以說，身為老師的你，如果對人體內部器官很了解，然後又知道孩子喜歡捏塑或畫出什麼樣的形體，就能夠給他們正確的指導。但是，前提是你自己對人體構造要有一種藝術性的概念。因此，老師先做出一個模型是很重要的。然而，今天一般的教師培訓課程中，完全沒有這一類的訓練。你將會發現，不論你學了多少關於肺臟或肝臟，或者是複雜的血液循環系統的知識，都比不上你曾經用蜜蠟或黏土，親手做出這些器官以後要了解的更多。

塑造出器官模型的過程中，會讓你對這個器官有全新、不同的認識。以肺臟為例，你在捏塑的時候，會發現左右肺的形狀不太相同；因為肺臟並不是對稱的。其中，左肺明顯分為兩個肺葉，而右肺則分為三個肺葉。以前在學習肺部知識的時候，常常會忘記究竟哪個是左肺，哪個是右肺。但是，當你曾經用蜜蠟或黏土做出這個十分有趣的不對稱形

狀後，便不會再搞錯了，就像你絕對會記得心臟在人體的左邊一樣。

你也會發現，肺臟的形狀這麼特別，它在人體的位置也是安排得剛剛好。如果所做的模型正確，你也會觀察到人類的肺臟必定會和人站著以及走路時的姿勢一樣，是直立的。如果你曾經做過動物的肺臟，你可以從形狀去觀察到動物肺臟的方向是橫躺的。同理，其他的器官也都是如此。

所以，**老師應該要從製作模型開始學習解剖學，如此一來，才能帶著孩子用泥塑或繪畫，來表現出人體器官的形狀，而不只是複製**。在這段過程中，你會發現其實孩子都有做出人體器官形狀的渴望，透過這樣的教學，老師自己也可能會得到許多非常特別的經驗。

在我們的學校裡，一直都有一些簡單的生理學課程，特別是四、五、六及七年級的學生。以整體來思考的華德福教學理念，肯定會有這樣的課程。我們的孩子從入學就開始繪畫，到了特定年級，也會開始有雕刻課程。我們觀察到一個很有趣的現象：當老師跟孩子說明了人體的構造以後，比如「肺臟」，接著讓孩子自由發揮，他們很自然的就會開始形塑出類似肺臟的形狀。

看到孩子如何做出自己的一部分，這真的很有趣。這也是為什麼老

師要用具有可塑性的材質來做模型，然後找到能夠正確複製人體器官的方式。你可以用蜜蠟、黏土，甚至是如果真的找不到好的材料，泥巴也會是個好選擇，我們的孩子就常用泥巴形塑東西。

這是一種發自內在生命體、想要做塑形或繪畫的一股力量。所以，你能夠輕易的利用這樣的力量，讓孩子以蜜蠟或繪畫的方式，將字母轉化成圖像方式來學習。這樣的教學模式，就真的是出於對人類本質的了解而形塑出來的，也是這個階段必要的教學方式。

7 歲開始，孩子的感知體開始發展

現在我們繼續。人類除了物質體（肉體）和生命體（7 歲以後的生命體開始能夠真正獨立自由運作）之外，還有感知體（星芒體）和自我。那麼7～14 歲之間的孩子，這個時候的感知體狀態又是如何呢？其實，直到青春期之前，感知體都尚未完全運作，一直到了青春期以後，才會開始完全活耀的在人體各個器官內運作。

從孩子出生開始，生命體會漸漸從物質體中釋放出來，到了孩子換牙的時候，生命體就能夠獨立運作；而感知體則剛好相反，從孩子換牙後開始，感知體就漸漸被拉進物質體內，當感知體與物質體、生命體完全

合而為一、緊密連結後，青春期便正式來到，也就是性功能成熟的時期。

當感知體進入男孩子的聲帶時，你會發現他們的聲音變了，而當感知體進入女孩子的身體時，你也會看到一些器官的發展，比如胸部等等，這些都代表著感知體已經完全進入他們的體內。

感知體從四面八方順著神經纖維慢慢進入人類的體內。感知體是來自體外的，它先從皮膚開始然後漸漸的進入體內，最後合而為一。在此之前，它只是以雲霧的狀態圍繞在孩子身邊。然後會漸漸的集中，接著進入體內與所有器官緊緊結合。更明白的說，它是以一種化學的方式與所有的器官，以及身體與生命體的所有細胞組織結為一體。

就在這個時候，一個奇妙的現象會發生。感知體從孩子的四周進入體內時，會沿著神經系統一直到達脊椎會合（見下頁圖）。脊椎的上方就是頭部，它也會慢慢沿著中樞器官、脊髓，一點一點進入頭部，最後佈滿整個頭部。

在這個過程中，我們需要考慮到的就是「呼吸作用與整個神經系統之間的關聯」。這種呼吸與神經系統之間的合作，確實是人類組織裡很特殊的一塊。身為教師，應該要對這部分有最微細的感受，才能正確的教導孩子。

當空氣進入身體，順著脊柱向上進入腦部再分散開來、接觸到每一根神經後，接著向下循著路徑，以二氧化碳的形態排出。所以，我們可以發現，呼吸作用不斷借助神經系統，將吸入的空氣分散並隨著脊柱往上運送，然後再擴散，等到變成二氧化碳時，再順著這路徑回頭部、排出體外。

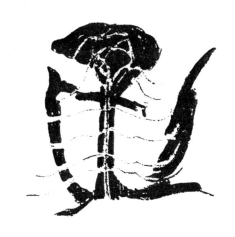

運用歌聲，
讓孩子感受到內在樂器的運作與感動

孩子入學後的第一個階段（也就是換牙期至青春期的這段期間），感知體借助著神經系統進入孩子的肉體。所以在這段時期，當感知體靠著呼吸系統的幫助逐漸進入肉體、通過脊柱時，就好像是在彈奏樂器，脊柱就好比樂器中的弦。其實，我們的神經可以說就是一種「里拉琴」（Lyre）[1]，而這個內在樂器的聲音會在頭部產生共鳴。

---

1 【中譯注】西方古典文明最常見的撥弦樂器，主要特點是共鳴箱特別狹窄，因而便於攜帶，古希臘遊吟詩人經常使用這種樂器來烘托氣氛。

當然，這個過程在換牙前其實已經開始了，但是在那個時候，感知體與肉體之間的連結並不緊密。直到換牙期至青春期之間，感知體才真正開始隨著呼吸節奏彈奏每一根神經，就好比小提琴的弓拉著小提琴的弦。

透過讓孩子多唱歌，可以幫助呵護這樣的內在運作。你一定也有感受過，當孩子唱歌時，他們本身就是個樂器，當你站在孩子的面前教他們唱歌或音樂時，一定要能夠清楚感受到每個孩子都是一項樂器，然後在他們的歌聲中感受到幸福。

最初的音樂教育，
是要讓孩子感受到音樂的美妙而非學習理論

事實上，當呼吸以一種特殊的流動方式呈現時，就會產生聲音。而這就是「內在的音樂」。孩子在 0～7 歲時，學習模式來自「模仿」，但是這個時候，**孩子應該學習透過唱歌的旋律與節奏，來表達內心的喜悅**。當你站在孩子面前、帶著他們歌唱時，心中應該要有什麼樣的圖像呢？這裡，我用一個十分原始的例子來比較說明，應該可以讓你們更清楚我的意思。我不知道你們當中，有多少人曾經見過一群剛吃完草的牛、趴在地上消化食物的景象。這樣的景象真的非常壯觀，幾乎可以說

是這個世界的縮影。

消化後的食物會進入血管及淋巴管傳遞到全身，這整個消化及轉換成營養的過程中，牛都能夠細細咀嚼這一種幸福感，這是牛智慧的表現。在這樣的消化過程中，每一隻牛都散發出一種美妙的氛圍，有著全世界的縮影。而人類在這方面的感受早已被放進潛意識中，因此頭部才能夠去思考身體的動作和眼睛所見的事物，這是人類智慧的表現。

不過，這樣的發展對人類來說是很糟糕的，因為我們的頭部無法去感受許多美妙的事情，比如牛可以感受到的過程。我們如果能夠像牛一樣，感受到消化的過程，對這個世界就會有更多的了解。所以，**我們應該要用自己的知覺去感受，而不是用那個被放進潛意識中的直覺，去感受消化過程**。在這裡，我並不是說在教學時，要將這個消化過程提升到意識層面來，而是說應該要在孩子的內心呈現出更高層次的感受，也就是感受他們的歌聲在內部流動時的幸福感。

想像一下，如果小提琴可以感受到演奏時，聲音在內部的流動，會是什麼樣的情形。我們都只聽到小提琴傳出來的聲音，對提琴聲的源頭一無所知，只從傳出來的聲音感受那個圖像。但是，如果小提琴本身能夠感受到自己每一根弦與另一根的共振效應，是何等幸福，當然前提是

這段音樂得要好聽才行。

所以，你一定要讓孩子去體會一下這種喜悅，才能真正喚起孩子的所有感官、才能夠感受到音樂的美妙，而這個感受過程的前提是「老師自己也得享受其中」才行，同時也要對音樂有些了解。不過，最根本的，是在教學的時候具備剛才所說的這種藝術特質。

透過樂器演奏，
孩子感受到內在音樂性被牽引至外在世界

因此，為了滿足這階段孩子內在的需求，確實有必要在孩子一入學就開始音樂教育。一開始，不要教任何的理論，只要讓他們漸漸習慣憑感覺去唱出一些簡單、簡短的歌曲，但是一定要好好唱！接著，你可以用一些簡單的歌曲，讓孩子慢慢學會旋律、韻律和節奏等等，你一定要先讓孩子習慣一起唱歌。如果可以，最好也能彈奏或吹奏一些樂器。

除非真的有困難，否則華德福學校的孩子，一入學就要開始學習一種樂器。**能夠讓孩子越早去感受自己的內在音樂性、透過樂器展現出來的意義越好**，但是像鋼琴這種屬於記憶性的樂器，對這個年紀的孩子而言是最糟糕的樂器，所以應該要選擇其他的樂器。可能的話，選擇吹奏

樂器最好。此時，老師本身當然得要擁有許多藝術性的技巧，同時還要有一定的權威。可以的話，老師應該要選擇吹奏樂器，孩子才能學到最多，也能夠漸漸了解音樂。

我得承認，孩子剛開始學習吹奏樂器的時候，可能會讓人寒毛直豎。但是另一方面，孩子能夠透過吹奏，將原本被壓抑在神經纖維的那股空氣引導出來，這對孩子來說很有幫助。人可以感覺到整個生命有機體好像變大了，那些原本只在體內運作的過程，也同時被帶到體外的世界。孩子在學小提琴時也是類似的情形，透過演奏的過程，內在運作被牽引出來，孩子可以感受到內在的音樂性是如何經由琴弓傳到琴弦。

但是要記住，這些音樂及歌唱的課程要越早開始越好。在藝術性教學的同時，一些特定的藝術課程也要一同展開，如繪畫、泥塑，以及音樂等等，而且是孩子一入學就要開始，這點很重要。你會見到孩子所學的，真正成為他們內在的寶藏。

在 9、10 歲前，
外語必須透過生活習慣養成的方式學習

語言教學要特別注意孩子 9、10 歲的這個時間點。前面，我已經說

過，9、10 歲這個階段是一個轉捩點，孩子首次意識到自己與周遭環境的不同。在此之前，他們與環境可以說是一體的。

我之前也已經談過孩子入學後的正確教學方法，但是孩子在換牙前真的不適合入學，我們基本上可以這麼說：「在孩子換牙以前，任何形式的學校教學都是錯誤的。」當然，如果法律這麼規定，我們當然就得遵守。但是從藝術性教學的觀點來看，這是不正確的。孩子入學後，老師的首要任務就是開始前面所說的藝術課程，以及用藝術的方式來教孩子字母的形狀。你可以從前面說的個別形線畫開始，然後任何與自然相關的事物，都用童話、神話的方式來描述。總之，9、10 歲的這個時間點，對於語言教學來說很重要。

在這個時間點以前，語言教學絕對不能參雜智識性的內容，也就是說，不教任何文法或句型。在 9、10 歲前，孩子的外語必須透過類似生活習慣養成的方式來學習，**當他們開始意識到自己與周遭環境的不同，才能去探究自己所說出話語的含意。直到此時，才可以開始讓孩子分辨名詞、形容詞、動詞等等**，在此之前他們只需要單純的「說話」即可。

華德福學校能夠實踐這一點的機會很大，因為孩子從一年級入學開始，除了本身的母語以外，還要學習兩種外國語言。

孩子來到學校，每天會先上一段的主課程，就如同前面說過的：早上的前半段時間上主課程，接著就要上外語課，而在德國學的是英文或法文。

在這些外語課中，我們不去做不同語言之間的連結。在 9、10 歲之前，我們不會去講桌子的英文是「table」，德文是「tisch」；吃的英文是「eat」，德文是「essen」。個別的語言不會相互去做連結，而是直接與所講的東西／物體做連結。孩子會指著天花板、燈、桌子等物品，並直接說出它的法文或英文，這是他們學習語言的方式。所以 7～9 歲之間，不會有任何的翻譯，這也意味著**不去用另外一個語言的詞彙來解釋這個語言的詞彙，而是讓孩子將說出的詞彙與所說的事物直接連結。**

因此，當孩子說出英文的「table」時，不需要知道也不需要去思考這個字的德文是「tisch」，他們完全不用管這些。而孩子也完全不會這樣想，因為從來沒有人教他們去比較這兩種語言。

這樣的教法，孩子從語言的原始元素進入感受，最後開始學習各種語言。語言當然是由聲音所組成的，而這些聲音包含了表達內在感受的母音，以及表達外在事物的子音，但是老師自己一定要能夠感受到。這麼說，當然不是要你將我在這裡所說的一字不漏的告訴孩子，而是要透

過你的課程，讓孩子能夠實際體會到母音與他們內在感受的關聯，以及子音是模仿外在世界的某種東西。只要我們要順著這樣的本性去引導他們，這個情況理所當然會發生的，因為這是人類本性的一部分，千萬不要讓他們失去了這樣的內在動力。

所有的語言發展，都源自於內心的感受

大家想一下，母音「A」（Ah，「啊」的音）這個發音究竟代表的是什麼？[2]（你應該知道的！）當我看著太陽升起，這美麗的景象讓我不禁讚嘆的說：「A!」（啊！）「A!」（啊！）一直都是表達讚嘆、驚奇的一個發音。或者說，有一隻蒼蠅停在我的額頭上，我會說「E」（Eh，「誒」的音），而這是表達要避開、想擺脫的一種發音。

英文中有些發音表達與德文會有點不一樣，但是我們可以注意到幾乎每一種語言，包括英文在內，母音「A」都是表達讚嘆、驚奇的一聲音。

我們來看看這個很典型的字：「滾動」（roll）。例如，一顆滾動

---

2 在這裡的「A」和「E」，指的是它所代表的德文發音「Ah」以及「Eh」，而不是英文字母中的「A」以及「E」。

（rolling）的球。大家去感受一下當「R」和「L」在一起時，感覺這顆球正往前滾動著（見圖a）。如果只有單獨的「R」，感覺則會是像圖b的樣子。

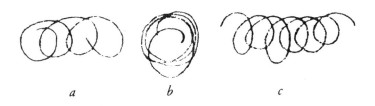

a　　　　　*b*　　　　　*c*

「R」和「L」有一直向前的感覺。「L」隱含著一種流動。在這裡，我們可以很明顯的看到，這就是一個子音模仿外界運作的過程（見圖c）。

因此，整個語言是由出自於表達內心的驚訝、驚奇、自我防衛或自主等感受的母音，或是出於模仿外界現象的子音共同建構出來的，我們絕不能剝奪孩子對語言的這種感受。**孩子應該學會從外部物體，以及對這些物體的感受來發展出聲音，一切都是出自對語言的感受。**在「滾動」（roll）這個字中，孩子得要能夠真正感受到R、O、L、L。每一個字都是如此。

現代人已經完全失去了這樣的感受。大家都以為文字就是寫出來的

東西或是抽象的東西，人們對語言不再有真正的感受。所有古老的語言都還具有感受在裡面，然而現代化的語言，卻都已經變成一種抽象的事物。看看你們的語言——英文，許多單字後半部分已經被省略，有些字的發音也跳過了原始的感受。但是孩子一定要能夠沉浸在這種對語言的感受之中。

這些都必須透過「觀察每個字的特性」培養出這種對語言的感覺。位於身體上方的頭部，在德文中稱之為「kopf」，英文則稱之為「head」，而在義大利文則是「testa」。如果以現代人對語言抽象的了解，他們會怎麼解釋這幾個字呢？他們會說，德文的頭是「kopf」，義大利文的頭是「testa」，英文的頭是「head」。但實際上卻不是如此，這樣解釋一點意義也沒有。

讓我們想想：「kopf」是什麼？「kopf」指的是一個類似碗狀的東西。當你說「kopf」時，表達的是一個形狀；當你說義大利文裡的「testa」時，表達的是由頭部確立或確認了某件事物的事實，而這個字與「testament」（證明）和「testify」（做證）兩個字同源。所以，你會發現「kopf」以及「testa」所表達的，是非常不同的東西。當你用義大利文說到那個位在人體最上方的器官時，是說那個證明者、確立者「testa」。

我們再來談談英文中的「頭」（head），在英文世界裡，認為頭是人類身上最重要的器官（雖然說，你現在知道這個觀念並不怎麼正確）。所以，當你在說英文的「head」，代表的是最重要的東西、所有事物的目標及聚集之處。

所以，不同語言中所表達東西，也都不相同。當人們認定是完全相同的一個東西時，那麼不論是英國人還是義大利人都會說「kopf」，但是他們所認定的並不是一樣的東西。

在原始語言中，同樣的東西在各地的表達方式都相似。後來人們四處分散後，開始有了不同的表達方式，也就形成了不同的字。當你硬是要把這些表達不同事物的東西畫上等號時，就再也感受不到這些語言中的內涵了。但是，對語言的感受卻是很重要的，我們一定要讓孩子保有這樣的感受，這也就是為什麼不要在孩子 9、10 歲以前分析語言。

到了孩子 9、10 歲以後，才可以教什麼是名詞、動詞和形容詞等等，在 9 歲以前不要這麼做。這些東西和孩子的關係如此密切，當他們還無法分辨自己與周遭環境的不同時，是無法了解這些東西的。所以這點很重要，**一定要記得，不要在 9 歲以前教他們文法或是去比較不同的語言**。如此一來，孩子從說話，就能得到如同唱歌時所能獲得的益處。

用內心的感受學習語言，而不是用頭腦思考

我剛剛用「趴在草原上消化食物的牛，在消化過程中從牠們的消化器官產生內在喜悅」來說明孩子在唱歌時，內在所得到的喜悅感受。內心必須要存在這種快樂感，或對於一個單字內涵的感受，要能感受到那種內在的「滾動」。**語言必須靠內心去體會，而不是用頭腦去思考。**

今日，大多數的人都是用頭腦去「思考」語言，所以當他們想要找到一個正確的字眼將一種語言翻譯成另一種語言時，就會去找字典。字典中會把「testa」或「kopf」放在一起，於是認為這兩個詞是一樣的意思。但是，它們並不全然相同。

其實，每一個詞都表達著一個不同的概念，這只能靠感受去分辨。所以在教語言時，一定要顧慮到這一點。另外還有一個屬於靈性層面的元素。當人死亡時，或是出生之前，所謂死去的人不會知道物品的名稱，但是對於一些特質卻還是有一些了解，所以能夠跟他們溝通特質的部分。但是沒多久，這部分也會消失。遺留更久的，是對動詞（也就是關於動作的詞語）、主動與被動表達的理解；而能夠保留最久的，則是發語詞，例如：「Oh!」（喔！）、「Ah!」（啊！）、「I!」（ee，咦！）、「E!」（eh，誒！），這些感嘆詞的表達在死去之後，是維持最久的。

從這一點你可以看出，人類心魂擁有感嘆的生命經驗是多麼重要的事情，否則就會成為完全沒有靈性的人。所有感嘆詞都是母音，而子音則是外在世界的複製品，在死去之後很快就會失去了，而在出生之前也都不會存在。我們應該真正用心去體會，也要知道孩子內在有這樣的感受，不要太早給予名詞、形容詞等等的課程內容，以免破壞他們內心的感受，耐心等待直到 9、10 歲以後。

透過肢體動作來表達自我的語言
── 優律思美

　　在華德福學校，從一年級開始，就要學習「優律思美」（Eurythmy）[3] 這種看得見的語言──個人或群體透過肢體動作來表達自己的語言。如果語言課程教學得當，也就是說老師讓孩子對語言有所喜愛、沒有破壞他們對語言的感覺，那麼孩子自然會覺得用優律思美這種語言來表達自己，是很自然的一件事情，就像學習另一種語言一樣自然。所以，在教他們優律思美時應該不會有困難，只要他們身心發展健康就會想要學。

---

3 【中譯注】由魯道夫‧史代納所發展的新興藝術，是看得見的語言，也是看得見的音樂表演。運用和諧的韻律動作，純粹的將語言及音樂所蘊藏的強大生命力，在空間中表達出生命的實體，並培養創造出團體及個人與天地宇宙的和諧關係。

你會發現，不想學優律思美的孩子一般來說都有一些狀況，否則就如同幼兒時期想學說話一樣，想要學習優律思美。這是因為孩子內在會有一股強烈的動力，想將內在意志力的感受表達出來。從幼兒早期的哭、笑，以及許多其他表達內在情感的面部表情，就可以看到這一點。

當有人說到狗或其他動物在笑，這都是一種比喻的說法。因為牠們無法像人一樣的笑或哭。動物在表達內在體驗上的姿勢與動作，和人類確實很不相同，人與動物在這一方面有很大的差異。

而優律思美就如同其他語言，都有一定的法則要遵循。語言並不是一個隨心所欲的事情。比如「water」（水）這個詞，你不能隨意說成「vunter」。

語言有其法則，優律思美也不例外。一般人類所做的身體動作，都是在自由意志下所做出的，而其中許多來自於直覺反應——當在思考某些事情時，會把手指放在額頭上；當我想要表示某件事不是真的，就會搖手或搖頭，好似要將它擦掉一樣。然而，**優律思美則是將內在與外在的感受透過有秩序的動作，就像言語是將內心感受透過聲音表達**，這就是優律思美，也因此孩子會想學習。基於這個原因，現代教育都還沒有優律思美這門課程，就足以證明大家都還沒有想到從人的本質中引導出

人類的才能，否則很自然的就會進入優律思美的領域。

　　但是這絕對不是說體操和體能都不用教了。這是很不同的東西，教師一定要了解到它們的不同。今天所教的體操以及各項體能運動和優律思美相當不同，兩者一起教可以配合得剛剛好。一般人都會認為空間概念很抽象，而不認為其實空間概念是很實際的。因為人們已經習慣認為地球是圓的，當生活在世界這地區的人跳起來時，他會說自己正往「上」跳。但是，當生活在南半球的人，我們可以想像他腳在上，頭在下，所以他跳的時候其實是往「下」跳。但是，這種情形並非我們能親身體驗。我曾看過一本關於自然哲學的書，作者嘲諷「在地球的另外一端，天空必定是在腳下」這樣的想法，但事實上卻是比這樣的想法來得更廣闊。我們千萬不要將自己從這個世界和空間抽離出來，從那樣的角度對世界與空間做評斷，然後輕易的認定空間是抽象的概念。

　　確實，有些哲學家就是用這樣的思考方式，例如休謨（David Hume, 1711－1776）[4]、穆勒（James Mill, 1773－1836）[5]，以及康德（Immanuel Kant, 1724－1804）[6]。但事實並非如此，所以一點意義也沒有。

4　【中譯注】蘇格蘭哲學家，是蘇格蘭啟蒙運動以及西方哲學歷史中的重要的人物之一。

5　【中譯注】蘇格蘭歷史學家、經濟學家、政治理論家、哲學家。

6　【中譯注】啟蒙時代德國哲學家，德國古典哲學創始人。

空間是人類意識到的具體事物，我們每個人都能感受到自己存在於這個空間之中，並且感受到有必要找到自己的位置。當我們試著要在這個空間中找到平衡點、找到不同狀態下的空間時，這時候體能運動與體操就順應而生，透過各種努力找到個人與空間的關係。

如果你做這樣的體操動作（將兩個手臂張開來），你會有一種兩隻手臂呈現水平狀態的感受；如果你跳起來，你會感受到出於自身的力量，把自己的身體向上推動，這些都是體操動作。但是，如果你是依著自己內在的感受做出動作，比如「ee」（咦）這個音，也許做出的動作很類似，但是這個動作卻是出於內在的反應，而在這個情況下，透過這個動作所表現出來的，是你內在心魂的本質。內在的自我在這個時候展現了出來，優律思美就有這樣的效果。

優律思美表達的是：當人進入在靈性領域所體驗到的呼吸與血液循環。在體操及體能運動中，我們則會感覺到空間是一個充滿了各種線條和方向的框架，我們在這框架中跳躍、遵循這些線條和方向，並且有許多器材因應而生。我們爬上梯子或是拉著一根繩索往上爬，此時，我們是配合著外在的空間。

這就是體操與優律思美的不同。優律思美讓心魂的生命向外流動，

成為人類表達自我的一種，就像是語言，所以說優律思美是「看得見的語言」。

體操和體能運動是人類適應外在空間的一種方式，看看要以這樣還是那樣的方式來適應這個世界。這不是語言，無法以這個方式來表達人的內心，反而比較像是外在世界對人的要求，要人去找到適應它的方式。我們必須注意這個差異。**體操老師要求孩子做出體操動作，就是要孩子去適應外在的世界**，從這一點，我們就可以清楚看到這樣的本質。**優律思美老師表達的則是人類的內在本質**，我們一定要感受並清楚這一點，如此才能讓優律思美、體操、體能運動或遊戲在教學上扮演正確的角色。

我們明天會在這方面做更深入的探討。

教育必須盡全力讓孩子與現實生活密切連結，才能真正認識世界

（1924 年 8 月 19 日，於英國托奇鎮）

如果教學從抽象的知識開始講起，就會在孩子身上看到許多奇怪的現象——他們很快的就會覺得疲憊。

現在，我們要更進一步談談一些更細節的做法。不過，我們的時間有限，在這麼短的時間內只能先挑一些例子來說。

了解孩子的成長三階段，給予適當的學校教育

從換牙期至青春期這整段時間，又可以將它細分出三個階段。在帶領孩子度過這段早期的學校生活時，我們必須要牢記這一點。

第一個時間點就是：當孩子開始能夠分辨自己與周遭環境不同時，當他們能夠區分「主體」（也就是他們自己）與「客體」（周遭自己以外

的一切事物）的不同時。在此之前，也就是第一階段，我們必須要將所有內／外在事物視為一體性的方式來教學。我前面幾堂課也已經談過要如何才能夠以藝術性的方式做到這一點。

在此之後，來到了第二個階段，我們可以在動物以及植物的生命教學中，看到對外在世界的描述是如何轉換的。在孩子 12 歲以前，只需要讓孩子對這些生命的事物有最基礎的了解。

孩子 12 歲以後到青春期之前，也就是第三個階段，直到這個時候，才能開始教孩子無生命的事物，因為他們要到這個時候，才能真正開始理解無生命的世界。

也許可以這樣講，7～9 歲半左右的孩子，是用他們的心魂去接收所有事物與訊息。周遭的所有事物都會進入他們的心魂。樹木、星星、雲朵、石頭，孩子都用他們的心魂在吸收。從 9 歲 4 個月～11 歲 8 個月左右的孩子，已經能夠察覺到自己的心魂特質與一些僅僅是「活的」東西之間的差別。這個時候，我們可以把整個地球當作是一個活的生命來和孩子述說。於是，就有了所謂心魂的特質與活的生命特質。然後，11 歲 8 個月～14 歲左右的孩子，開始能夠區分什麼是有靈魂的、什麼是活著的、什麼是死的，也就是說基於因果法則而存在的東西。

12 歲以上的孩子，
課程仍要盡可能的與生命及現實生活有所連結

在孩子 12 歲以前，我們不應該和他們談論任何無生命的東西，到了 12 歲以後，才會開始講礦物、物理現象、化學現象等等。我們一定要很清楚這樣的事實：**孩子從換牙期到青春期的這段時間內，在他們體內最活躍的是想像力而不是智力。**

我們必須不斷思考到孩子的想像力，就如同我常說的，老師也因此要培養出自己的想像力。如果在孩子年紀還小的時候，就開始傳授他們各種智識性的東西，將有礙於他們的心理甚至身體的發展。在物質主義掛帥的今天，許多疾病的病源其實都是因為在孩童時代（換牙期至青春期）受到過度智識性教育的結果。

我們應該等到孩子 12 歲時，課程才會開始慢慢的進入無生命物質的領域，這是因為無生命的世界得要靠智識才能領會。這時候，礦物、物理、化學現象等課程都可以陸續開始了。但是即便如此，這些課程仍要盡可能的與生命及現實生活有所連結，比如說：礦物，不能從介紹各種不同的礦物開始進入課程，而是從地球、從土地開始。

首先，可以從地球表面的山脈是如何形成的開始談起，然後談到山腳的表面土壤豐厚，而越往高山去，表面土壤越來越貧瘠，植物也相對稀少。當談到山區，就可以指出雖然土壤貧瘠，但是這裡卻有許多礦石。所以課程從山脈開始談起，然後導向礦物。

　　在我們清楚的說明了山脈之後，接著便可以拿出一個礦石給孩子看，然後說：「如果你沿著這條路上山，就可以發現這種礦石，這個礦石就是在這個山上找到的。」用這樣的方式繼續介紹幾種不同的礦石以後，最後才能開始介紹礦物本身特質。**相同的原則，帶著孩子先從整體看起，然後才進入個別部分**。這真的非常重要。

學習如果從抽象的知識開始講起，
孩子很快的就會覺得疲憊

　　從生活的事物開始談物理現象，同樣是很重要的原則，不要用現在大家普遍用的那些物理教科書來教孩子。我們可以讓孩子從生活周遭的事物開始觀察，比如可能只是很簡單的點燃一根火柴，讓孩子觀察它是如何開始燃燒。一定要讓他們注意觀察所有的細節，包括火焰長什麼樣子、外觀如何、裡面的顏色如何，當你吹熄火柴時，火柴棒上會如何留

下小黑點。當孩子都觀察完了以後，才開始解釋火柴的火是經過摩擦生熱而來的。如此，一切都和生活有所關聯。

我們再舉槓桿原理的例子：「槓桿是可以繞著支點旋轉的硬棒，而在這個硬棒的兩頭分別施予外力。」當介紹到槓桿原理的時候，一般的物理課本都是這樣開始的。但是，我在這裡要告訴大家，千萬不要這樣開始，應該要從天秤開始進入課程。讓孩子想像他們去到一家仍然使用天秤秤重的老店鋪買東西，從這裡開始談到平衡，再深入去談重量以及重力的概念。所有的物理課程一定要從生活中的實際例子開始發展，化學課程也是一樣。

一定要從真實生活中的各種不同物理現象與礦物開始談起，這是非常重要的。**如果反其道而行，從抽象的知識開始講起，就會在孩子身上看到許多奇怪的現象——他們很快的就會覺得疲憊。**然而，如果從真實生活開始談起，這種情況就不會發生。

教師必須根據「當下主導孩子發展」的身體系統來進行教學

所有教學的黃金定律，就是孩子不應該感到疲憊。今日許多所謂的

實驗教育，有些十分奇怪的現象。當孩子正在進行課程活動時，心理學家就在一旁觀察；當孩子開始感到疲累時，心理學家就把這個時間點記錄下來，然後根據這樣的實驗觀察，得出了一個結論、制定出一堂課的上課長度，以免孩子過度疲勞。

　　這個觀念從頭到尾都是錯的。在我的書（特別是《靈魂之謎》（*Riddles of the Soul*）或課程中，對於實際的情形都有更詳細的說明。在這裡，我只簡單提醒大家，人類的器官功能分為三大類：維持整個人心智及精神活動的「神經感知系統」（nerve-sense organism）、包含了呼吸以及血液循環的「節奏規律運行系統」（rhythmic organism，後面簡稱「節律系統」），另外還有將體內各種物質做轉化的「新陳代謝系統」（metabolic-limb organism）。

　　如果看看孩子從出生到換牙期這段期間的身體發展，你會發現最主要的發展在頭部組織，也意味著是「神經感知系統」正大量運作。[1]孩子早期的身體是由頭部向下發展，你一定要仔細去觀察，首先看看人類的胚胎，還在媽媽子宮裡的胎兒，我們會注意到有著大大的頭，而身體

1　史代納博士這裡所說的，是身體的發展而不是心智的成長。這個階段的孩子，頭和感知系統正在全力促進身體的發展，所以毫無疑問的，這個時間點並不適合發展孩子的智力，否則有礙他們的身心健康。更詳細的解說，請見本書第二部。

其他部分尚未完全成形。即便到了孩子出生時，頭部很明顯仍然是最大、最強壯的部分，孩子的整個成長便是從頭部開始。

7～14 歲（換牙期到青春期）這個階段就不同了。規律的呼吸、規律的血液循環，這時期所有的發展主軸就在「節律系統」。只有規律！

然而，規律的本質是什麼呢？如果大量思考時就會感到疲累，特別是讀書，這時候是腦部感到疲累；如果你走了很遠的路，肢體大量的運動，這也會讓你感到疲累。頭部或神經感知系統，以及肢體的代謝系統會覺得累，但是節律系統永遠不會累。

想想看，你整天都在呼吸，心臟也是日夜不停的在跳動。這些規律的運作從有生命開始到死亡之前都不能夠停下來，無時無刻都在運作，不能疲累也永遠都不會累。所以，你一定要針對「當下主導孩子發展」的身體系統來進行教學。而**在換牙期至青春期之間，主導孩子身體發展的是節律系統，所以要針對孩子的節律系統，以圖像的方式進行教學。**你所做的、所描述的每一件事，必須與頭部越不相關越好，重點是放在「心」，也就是規律，並且所有藝術性或規律性的事情，都要盡可能做到。採用這樣的教學方式，所得到的結果是：孩子絕不會感到疲累，因為參與學習的是節律系統，而不是頭部。

圖像式的教學，就是運用節律系統學習的方式

人們都很聰明，他們判斷課程之間要保留一點時間讓孩子嬉鬧玩耍。讓孩子玩耍當然是件好事，而這個「好」的原因是：玩耍本來就是孩子心魂的本質，他們玩耍時內心會有愉快的感覺。

根據研究顯示，只要在上課時用正確的方式教學，孩子就不會疲憊，他們在外面玩耍、肢體的運動反而會比上課更累。當你的教學採用越多圖像元素、越少智識性元素，一切事物都以生活化的方式呈現，只針對節律系統去工作，孩子就越不會疲累。所以說，那些做實驗的心理學家，當他們在觀察孩子疲累狀況時，觀察到的到底是什麼？其實，他們觀察到的是很糟糕的教學。如果老師教得好，他們就完全看不到孩子疲累的跡象。

當教學對象是小學階段的孩子時，一定要十分注意只針對他們的節律系統去工作。只要方法得當又不過度運用，節律系統永遠不會累。**節律系統所需要的並不是智識性的學問，而是圖像式、充滿想像的教學方式。**所以說，想像力必須主導所有的學校學習。即便是我們前面所說的最後一個階段（11 歲 8 個月～14 歲左右）仍是如此。將無生命物質帶入課程時，也是要透過想像力，並且一定要和真實的生命／生活有連結。

所有的物理現象都能夠與我們的真實生活有所連結，但前提是我們必須要先具備想像力才行。這是絕對必要的。

當孩子在寫作時，想像力必須是最高指導原則。你一定要避免讓孩子寫任何你「尚未和他們討論過」的議題。身為有著絕對權威的老師，在讓孩子開始進行寫作前，必須先和孩子一起討論要寫的主題，讓孩子聽完你所說的，才開始寫出他們的文章。即便是接近青春期的孩子，也是要守住這個原則，不要讓孩子隨意想到什麼就寫什麼。老師和孩子討論某個主題時，必須要營造出一個氛圍，讓孩子打從心裡感受到，然後就在這樣的氛圍下進行寫作直到完成。

引導孩子思考的問題，一定要在現實上是有意義的

在這裡，我要再度強調「鮮活性」是最重要的引導原則。老師一定要用自己的鮮活性去感染孩子內心的鮮活性。

由此可見，所有的教學都必須來自真實的生活。現今社會，應該常常可以聽到人們說「教學要靈活，不能脫離現實生活」。但首先，我們必須要先能感受到底什麼才是現實生活。我有一個親身經歷的例子可以說給大家聽，讓大家了解，即便是最完美的教育原則，實際執行的時候

仍然會出現狀況。

有一次，我進到一個班級去觀課，老師正在教孩子算術，而老師所出的題目，本意是要讓孩子以加法來計算實際生活中的例子（不單單只是直接給孩子 $14\frac{2}{3}$、$16\frac{5}{8}$、$25\frac{3}{5}$ 三個數字相加，而是以實際例子讓孩子去計算）。老師是這麼教的：

她告訴孩子：「A 出生於 1895 年 3 月 25 日、B 出生於 1898 年 8 月 27 日、C 則出生於 1899 年 12 月 3 日，請問 ABC 三個人，加起來總共幾歲？」這就是孩子要解的數學題。

於是，大家便很認真的用下列方式來計算總合：三個人自出生到 1924 年（史代納博士上課的這天），A 的年紀是 $29\frac{3}{4}$ 歲，B 的年紀 $26\frac{1}{2}$ 歲，C 的年紀我們就直接算 25 歲。於是老師告訴孩子，把這三個歲數相加，就會知道他們總共幾歲了。

不過，我想請大家想一想，需要用到這三個人總共幾歲的可能性是什麼？這是要從哪裡著手？當然，這三個數字相加一定能算出一個總和，但是在現實生活中是不可能把歲數相加，得到一個新的歲數總和的啊？更何況，這些人都活在同一個時代，所以把他們的歲數這樣相加，沒有任何實質的意義。所以，這樣的加法總和，完全不符合現實。

後來有人告訴我，這個例子實際上是從一本教科書而來。於是，我就去找出這本書來看，發現書中還有許多類似的例子。我也注意到在許多地方，類似的事情也深深影響了日常生活，而這就是最重要的地方——**學校所教的所有事物對於日常生活都會有所影響，如果學校教的方式不正確，比如說用不切實際的例子當做數學教學，那麼孩子吸收到了這樣的思考模式，最後會將這樣的思考模式應用在生活中。**

　　我不知道在英國是否也有這樣的狀況，但是這在中歐各地十分普遍，比如說，有好幾個人因為某個案件同時被起訴後定罪，你會看到這樣的報導：「本案共有 5 個被告被判刑，5 人的入獄服刑時間加起來總共有 $75\frac{1}{2}$ 年。」而事實上，可能是其中一人被判 10 年，另一個人被判 20 年等等，但是他們把這些數字相加得出一個總和。

　　這一類的報導一再出現。我真的想問：「這樣的數字在現實生活中，究竟有什麼意義？」對個別被判刑的被告而言，這個 $75\frac{1}{2}$ 年的總數當然沒有任何意義，他們早在那以前，就已經服刑期滿而重獲自由了，所以這一點也不實際。

　　所以說，一定要確保教給孩子的所有事物，一定和現實生活有緊密連結，這是非常重要的。當你要孩子去算一個在現實生活中毫無意義的

總和時，等於是在毒害這個孩子啊！

引導孩子去思考的事情，一定要是在現實生活中有意義的事情。如此，你所教給他們的事物，才能被再次帶入並且應用在實際生活之中。現在這個年代，我們正承受著太多不切實際的想法所造成的苦果，老師在教學的時候，一定要很審慎的去思量這件事情。

不論教育或遊戲，
都必須讓孩子從實際生活中去模仿

近代出現了一個理論，雖說是由一些十分聰明的人所發現的，但其實這是教育之下的產物，這個理論叫做「相對論」。我相信，大家都聽過這個與愛因斯坦（Albert Einstein, 1879－1955）名字有關的理論。

這個理論基本上是正確的，但是已經被人們扭曲了！比如說，有一座大砲從某地發射，如果你剛好位在距大砲位置幾英里遠的地方，大砲發射後要經過一小段時間，你才會聽到砲聲。如果你並非站在原地不動，而是朝大砲所在地的反方向走，聽到砲聲的時間就會再拉長一些，而你走得速度越快，聽到砲聲的時間就會拉得越長。反之，如果你是朝著大砲所在地的方向走去，聽到砲聲的時間就會越短。

但是，如果完全按照這樣的論調去思考，就可能會得到一個結論：
「如果你走的速度比聲音還要快速（雖然說，現實上是不可能的），你有
可能會在大砲發射以前就聽到砲聲了！」

如果不從現實的角度去思考理論，就會得出這樣的結論。一個能夠
依據現實狀況去思考的人，應該都有這樣讓你覺得痛苦的經驗。即便在
愛因斯坦的書中，你可以看到他談論「如何以光速將一支手錶送到外太
空，然後再送回地球來」，然後再談到「如果以光速讓這支手錶在地球
與外太空之間來回一趟後，這支手錶會如何」。我倒真的想看看，如果
有一支手錶真的以這樣的速度咻的一聲，就到外太空，然後又回來，它
會變成什麼樣子！所以說，我們思考的時候，絕對不要脫離了現實，這
一點非常的重要。

今日的教育埋藏了許多混亂的根源，例如，你會看到所謂的「示範
幼兒園」（Exemplary Kindergarten）精心設計許多讓孩子做的工作。在現
實中，我們不應該讓孩子做任何不是在模仿生命的事情，連遊戲中也要
堅持這個原則。那些福祿貝爾[2]（Friedrich Wilhelm August Fröbel, 1782－
1852）為孩子特別設計出來的幼兒教具，都是很不好的東西。**我們一定**

2　【中譯注】德國教育家，被公認為是十九世紀歐洲的重要教育家之一，也是學前教育的鼻祖。

堅持一個原則，只讓孩子從實際生活中去模仿，就連遊戲也不例外。這點極其重要。

也就是因為這樣，我之前就跟大家講過，不要給孩子那些所謂「商業精製」的玩具，而且任何給孩子的娃娃或其他玩具，也應該要保留最大的想像空間給孩子。這非常的重要，所以在這裡要拜託大家，教學上一定要抓住這個準則，千萬不要出現脫離現實生活的內容。

教師會議，讓老師深入了解學生的特色與個性

當你讓孩子去形容或描述一件事情的時候，也要遵循這個原則。當他們的敘述偏離了現實，老師也要提醒他們。智識永遠無法如想像力一樣的深入現實。當然，想像力確實也有可能偏離現實，但是**想像力的根源與本質來自現實，然而智識卻只能停留在現實的表面**。這也是為什麼老師在課堂上，必須與實際生活緊密連結是如此的重要。

為了因應這樣的原則，在我們的華德福學校裡有「教師會議」，而這樣的會議是教學的核心與靈魂所在。在會議中，所有老師都會互相分享自己從課堂中，以及從孩子身上學到了什麼，讓彼此相互學習。如果有任何一所學校認為，這樣的定期教師會議不是學校中最重要的事情，

那麼這會是一所沒有鮮活性的學校。

大家真的都能夠從這會議中學到很多東西。華德福學校是男女合班。我們可以發現班上的男生多、女生多還是男女比例相當，都會讓這個班級出現明顯不同的現象。這樣的不同並非來自於男生跟女生說了什麼，或是他們之間有什麼樣的交流。我已經仔細觀察這一點好幾年了，而且事實證明，若班上女生多於男生，會有一個非常特別的狀況發生。

當你教的班級女生較多時，會發現老師比較不容易疲累，因為女孩對事情的掌握能力比男孩來得容易，也比較熱衷。除此之外，你還會發現許多其他的不同點。總之，你很快會發現，班上男生是少數時，這些男孩的理解速度就會加快；當班上的女生是少數時，這些女生的理解速度就會放慢。所以有許多不同的狀況，並非透過他們之間的交談或交流而產生的，然而卻是存在於無法量化的地方，而這樣的狀況本來就是無法量化的事情。

所有的事情都要很仔細的去觀察，而每一件攸關全班或個別孩子的事，都會在會議中提出討論，這樣每位老師都能夠有機會深入了解每個學生的特色與個性。

當然，這又是另一個華德福教育困難的地方。比起一般學校，我們

得更仔細的去思考課堂上要教什麼、如何才能夠真的幫助孩子進步。**我們的教學是基於「理解不同年齡孩子需求」，而我所說的一切也都是以這個為目標。**

確保每位孩子，都能接受這個年紀該有的學習內容

如果在一個大約 9、10 歲孩子的班級中，有一個孩子因為學業落後，老師沒有多想就讓他留級而不與其他孩子一起升到下一個年級。我們可以想見，下一年他所接受的教學內容，其實已經不適合這個孩子該年紀的東西了。因此，我們無論如何都要避免讓這樣的情況發生，即便這個孩子在學業上落後、沒有達到應有的標準。雖然，我知道這樣的做法比起讓這個孩子留級、重讀一次來得麻煩太多了，但是，我們仍應不惜一切代價，避免讓孩子留級。

唯一可以做的，就是將同一年級其他班級中，所有學業上較弱的孩子放在同一個特殊班級，讓所有落後的孩子都進到這個班級。[3]

3　史代納博士隨後補充說：「這些孩子當時正由一位在這方面有特殊專長的卡爾‧舒伯特博士（Dr. Karl Schubert）帶領，他被賦予了這樣特殊的任務。」

除非是這樣的狀況，否則我們絕不會讓任何孩子留級，一定要全班所有的孩子都一起升至下一個年級，如此才能確保每一個孩子都受到他這個年紀應有的教學內容。

我們也必須要考慮到那些念到八年級後（進入青春期時），就得離開我們學校的孩子，他們將無法參與我們的高年級課程（九到十二年級）。所以，我們的教學目標是：**透過整個一到八年級的教學階段，他們對世界的認識毫不違背現實生活與生命**。我們可以從兩方面著手達成這個目標。

一方面，我們可以透過所有科學以及歷史課程設計，讓這些孩子在離開學校前，對人類在這世界的地位與所扮演的角色有一定程度的認識。所有的課程最後都是導向對人類的理解，所以孩子到了七、八年級時（大約 13、14 歲時），對人類應該有整體性的了解。這樣一來，他們所學到的一切，讓他們能夠理解到在人類身上運作的各種法則、力量以及物質，同時也了解到人類是如何與世界上的其他物質、靈性與心魂做連結。如此，這些孩子便能以自己的方式了解到「人類是如何處身在這個宇宙之間」，而這是我們努力要達成的目標。

另一方面，我們也要讓孩子對實際生活有所了解。現在的社會，大

多數的人（特別是在城市中長大的人），都已經不知道許多東西（比如說紙張）是如何製造出來的。大家都會用紙書寫，但卻不知道紙張是怎麼來的；身上穿著衣服，卻不知道布料是怎麼來的；腳上穿著皮鞋，卻不知皮革是怎麼來的。

再想想愛喝啤酒的人有多少，然而又有多少人知道啤酒是怎麼釀造的。這真是很可悲的狀況。當然，我們不可能讓孩子了解全世界的所有事物是怎麼來的，但是盡可能的讓孩子有機會接觸到各行各業所做的工作是我們的目標，同時也要確認他們自己也能學會如何去完成這些不同的工作。

然而，依照現在政府當局對兒童學習的要求，想要讓這樣與實際生活相關的教育方式成功，實在是非常的困難，勢必要經歷許多非常痛苦的過程。舉一個曾經發生的例子：我們學校有個孩子，因為家庭因素，念到二年級結束、剛要進入三年級的時候，必須轉學到其他學校就讀。這時候，我們受到非常嚴厲的譴責，因為這個孩子的數學以及讀、寫程度尚未達到那個學校的要求。除此之外，他們還寫信給我們，說這個孩子在我們學校所學的優律思美、繪畫以及其他東西，對這個孩子一點幫助也沒有。

如果我們以對人類理解的方式來教育孩子，還要同時兼顧符合現實生活的需求，他們必須要學會如何正確的閱讀和寫作，而這也是現今社會對他們的期待。因此，我們的課程裡面必須涵蓋許多的內容，其中有些純粹是因為依照現今社會的要求所放入的。但是無論如何，我們所有的教學，都必須盡全力讓孩子與現實生活有密切連結。

　　如果可以的話，我真的希望能夠請到一位鞋匠來華德福學校當老師。但是，因為這樣的事情並不符合現今教育體制下課程規劃的要求，所以我們無法做到這樣的理想。為了讓孩子學到如何做鞋子，並且是他們自己親手去做、實際體會做鞋子需要的技巧，而不是談理論，我真心希望能網羅一位鞋匠成為教師團的一員。然而，由於鞋匠不符合政府當局對教師資格的要求，所以只能作罷，但這樣的課程才符合實際生活。但是，無論如何，我們仍然透過各種機會，讓孩子能夠學習成為一個務實的工作者。

　　當你來到我們的華德福學校，你可以看到孩子無論是書籍的手工裝訂或是紙盒的製作都很厲害；你也會看到我們如何以藝術性的方式引導孩子進行手工；在製作衣服時，你不會看到我們教他們製作市面上很流行的那種衣服款式。許多現代人都不會想到，領子的圖案應該要和腰帶或裙子下襬的花樣有所區分。比如人們不理解像這樣的圖案（見下圖 a）

有一個特別的「V」字花樣，是要放在脖子上的，而皮帶的花樣（見下圖b）一定要同時有往上及往下感覺的圖樣。

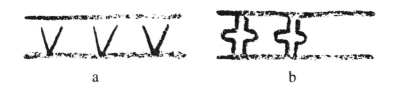

a   b

還有，孩子在做枕頭套的時候，我們也不會讓孩子用圍繞四周的圖樣，因為枕頭的圖樣必須讓人一眼就看出頭躺的位置與方向。圖案本身要讓人能夠區分出左邊和右邊。**生活的一切都交織在孩子所做出來的作品之中，然後他們再從中學習**。這是另一種讓孩子學習如何實際生活的方式。

老師必須深刻的理解孩子的學習狀況，
而不是單用數字區分

我們很努力的將這樣的原則落實在每個細節當中，即便是學生的學習報告。我實在無法去想像，用 2、3、$2\frac{1}{2}$ 這樣的數字，來幫學生做能力評分代表著什麼樣的意義。我不知道英國是否也是如此，用數字或字母來表示孩子在各方面的表現。在中歐地區，大家都習慣給個 3 或 4 來

代表孩子的表現。然而，在我們的華德福學校，不是這樣子給予評量的，**每一個老師都必須很了解每一個孩子，然後在學習報告中用文字來描述他的表現，用老師自己寫出來的一段文字來描述孩子的能力以及學習狀況。**

每一年，每一個孩子都會在自己的學習報告中，收到完全屬於自己的一句話，而這句話可以當作未來這一年，孩子努力的方向。這樣的報告格式大致如下：首先是孩子的名字，接著就是一句給這個孩子的話，然後下面就是老師用一段文字（而非一個字母或數字）來簡單描述孩子的特質、個性，以及這一年來他在各科目中的學習狀況與表現。這樣的一份報告，其實就是對一個孩子的描述。孩子都非常喜歡這樣的學習報告，而他們的父母也能透過這樣的學習報告，對孩子在學校的狀況有一個實際的圖像。

另外，我們也非常重視和父母保持密切的聯繫，我們從孩子在學校的狀況，就可以了解孩子家庭的狀況。也唯有如此，才能真正的了解每一個孩子，並且知道要如何處理每個特殊狀況。比如說，我們可能會在兩個孩子的身上看到相同的特質，但是這兩個特質背後所代表的意義，可能完全不同。

如果，今天有兩個同樣看起來都很容易衝動的孩子。光是知道他們的個性容易衝動，然後提供一些方式讓他們能夠冷靜下來，這樣並不足夠，必須更進一步的研究。其中一位孩子是因為模仿他容易激動的父親，而另外一位孩子則是因為心臟比較弱，而反應在行為上容易衝動。**對於每個孩子，我們都要去找出他表現出這些特別性格的根源。**

　　教師會議真正的目的，就是對「人類」的研討。這樣對於「人類」真正的理解，才能不斷的在整個學校流動。會議中，教師所關注的議題就是整個學校，以及所有隨之而來的問題。教師會議最重要的就是學習──穩定且持續的學習。

　　這些，就是我所能提供給你們，在學校實際組織運作上的建議。當然，我們還有更多的內容可以更深入的談論，但是那可能要再多好幾週的課程了。很可惜我們的時間有限，所以我想要請你們回去想一下，然後將你們心中所有的疑問記錄下來，在明天的課程中可以提出接著由我來回答，我想把明天的時間留給大家問問題。

華德福教育面臨的教學困難

（1924 年 8 月 20 日，於英國托奇鎮）

Q 乘法與除法的教學方法，差異之處在哪裡？還是說，在小學一年級時，兩者的教法應該要完全相同？

這個問題應該是源自於我之前舉的例子：「教乘法的時候，已經知道被乘數（一個因數）以及乘積，如何找出另外一個因數是什麼？」當然，這其實就已經是我們一般所理解的除法了。如果我們不拘泥於文字上的意思時，我們也可以用同樣的方式來思考除法如下：

我們可以說：「我們把這整個數量分成好幾份，那麼每一份的數量會是多少呢？」

同樣的問題也可以用另一個問法：「一個特定的數字，要乘上多少，才會得到另一個特定的數字呢？」

所以，如果我們的問題是要將一個東西分成好幾份，就要用除法來計算；但是，如果我們是從「……的幾倍」這樣的角度去看，這個時候就要用乘法來解決。這樣，我們應該可以較清楚的看出乘與除之間的關係。從這裡就可以清楚的看到「乘法與除法之間存在的這種內部關係」。

　　不過，我們應該早點讓孩子知道，他們可以用兩種不同的方式來思考除法。其中一種是我剛才說的：「將一個東西分成許多份，那麼每一份的數量是多少？」這種思考除法的方法，是從整體來找出每一部分的數量；另一種方式是：「從每一份的數量看起，然後找出在這一整個東西之中，能夠分出幾份？」這時候的除法，就不是把東西分成幾份，而是一種份量／測量單位的概念。**孩子應該要盡早學到分成幾份以及作為測量單位之間的不同，但是不要賣弄一堆專有名詞。**這樣一來，乘法和除法就不再只是形式上的計算，而是在實際生活中會用到的。

　　所以說，在一年級的時候，我們只透過不同的表達方式讓孩子區分乘法與除法的不同；但是必須要確定孩子能夠看到，基本上乘除之間的差異遠小於加減之間的差異。孩子能夠學到這些是很重要的。

　　因此，我們也不能說在一年級時，教乘法與除法沒有任何差異，但是必須要用我剛剛說的那個方式來教孩子。

Q 孩子到了哪個年齡階段，才能將四則運算的教學從具體轉為抽象？又要用什麼方式來教呢？

首先，四則運算的教學應該要一直維持以具體的方式來教學，而其中最重要的是在孩子 9、10 歲之前，必須完全避免任何抽象的教學內容，要將這些四則運算與日常生活緊密連結。

當我們在頭兩年至兩年半的時間內，確實做到不讓孩子用抽象的數字來計算，而是將總和以具體事實來呈現，之後，我們就會看到孩子要從具體轉到抽象概念時，會非常的容易。習慣了這樣處理數字的方法後，這些數字概念在孩子的心中是活的，所以要進行用抽象方式計算加減乘除時，也能夠輕易的轉換。

所以，**我們要盡量將「以具體方式教學」的時間拉長，直到我剛剛說的 9、10 歲左右的時間。**

而將四則運算從具體過渡到抽象最好的途徑，就是我們在日常生活中最常接觸到的一件事情，也就是「花錢」。你們這裡（英國）的幣制比歐陸的幣制更有利，在歐陸使用的所有單位都是採十進位制。而你們仍然保有比較好的貨幣系統，我希望你們也有這樣的感覺。因為，這表

示你們對於這樣的幣制有最健康且正確的感受。

最健康的貨幣系統，應該是要越具體越好。你們這裡仍然使用十二進位及二十進位的系統，雖然這是在歐陸被視為已經「過時」的系統，然而這樣的系統才能真正維持「讓一切事物具體化」的概念。你們只在數學符號上用到十進位。

我們來談談十進位制的基礎是什麼？其實是源自於一個很自然的測量單位。我之前說過，數字概念並不是在頭部形成的，而是在身體各部位形成，頭部只是將形成的數字表達出來。所以，最開始，最高的數字應該只到十或者二十。現在，我們用「十」這個特別的數字，是因為我們只有十根手指頭。我們唯一會寫下的數字就是從一到十，十之後的數字會被重複，數字本身會被視為具體的事物。

比如說，我們這邊寫下「兩隻驢子」。在這裡，「驢子」是很具體的東西，而「二」則是一個數字。當我說「兩隻狗」時，也是一樣的情況。但是，當你寫出二十這個數字，這就是「二個十」，在這裡「十」被當成一件具體的東西。因此，我們的數字系統就是建立在這樣的事實上——當事物變得過於複雜，我們不再清楚看到它時，就開始將數字本身視為具體的事物，然後再將其抽象化。

所以說，如果不把這個數字本身（不管是什麼數）當作一個具體的東西，然後再將其抽象化，就無法進行任何的計算。說穿了，一百其實就是「十個十」。所以說，我可以把「十個十」視為「一百」，或者說「共有十組，每組十隻狗」，本質上都是一樣的概念。

　　「共有十組，每組十隻狗」的說法中，「十隻狗」就是具體的東西。進行計算的真正祕訣，就是要把數字本身視為具體的東西。如果你仔細的想一想，這樣的轉換在日常生活中也常常可見。我們稱「二個十二」為「兩打」，這就和我們說的「二個十」是一樣的，唯一不同的是，我們沒幫「十」取個名字，因為十進位其實是受到抽象概念影響而產生的。

　　然而，其他的進位系統則仍保有較具體的數量概念，比如說：一打、一先令等等。在英國，一先令等於十二便士。不過在我小的時候，我們也有「先令」的單位，不過一先令是指三十個，是數量單位而不是貨幣單位。

　　我小時候住的那個小村莊裡有一條主要街道，街道兩邊整排都是房子，房子前面種了整排的核桃樹。秋天的時候，村裡的小男孩就會拿石頭把核桃從樹上砸下來，留著冬天吃。然後會在學校炫耀自己撿到多少

顆核桃。一個男孩會說：「我砸下了五先令。」另一個說：「我有十先令」。

他們講的都是很具體的東西。一先令指的就是三十顆核桃。而村裡的農夫唯一關心的，則是要在小孩子採光核桃之前趕快將所有核桃都收下來！我們以前會說「一先令的堅果」，而這裡指的就是數量上的單位。

所以，**要利用這些有具體含意的數字，從具體轉化到抽象**，比如說一打、兩打、一雙、兩雙等等。說到手套時，我們不會說「四隻」而是說「兩雙」，講到鞋子時也不會說「四隻」，而是說「兩雙」，經由這樣的方法，我們可以逐漸為孩子做準備，從具體的數字，過渡到抽象的數字。然後，到了孩子 9、10 歲的時候，就可以帶他們進入抽象的數字概念了。[1]

1　有一點要注意，從具體過渡到抽象之前，必須要用有節奏、韻律、規律的方式來教孩子數字，比如說低年級的乘法表。

Q 何時才能開始教孩子用線條繪圖？
要如何教呢？

有關教孩子用線條繪畫的這件事，我們得從藝術角度來看。你一定要記得，用線條來繪畫其實是很不真實的。用線條繪畫代表的是什麼？它意味著用線條來呈現這些東西，但是在真實的世界裡，是沒有「線」這種東西的。

我們拿真實世界中的「海」來說，「海」是由顏色（綠色）來呈現的，在海面上的天空，也是由顏色（藍色）來呈現的。當這兩個顏色被這樣放在一起（見下圖），你就會看到海在下，天空在上的畫面。

而線條是由兩種顏色交界的地方所形成的。如果我們說這條水平線就是海與天的邊界，這其實是種非常抽象的說法。因此，從藝術的角度來看，現實應該要用顏色來呈現，或者是用光和陰影來表現出來。當我用線條畫出一張臉的輪廓時，這樣畫出來的究竟是什麼東西呢？真的有這樣的東西存在嗎？（見下頁臉的輪廓圖）根本沒有這

種東西存在啊！真正存在的是這個（畫出的陰影，見下圖）。透過表面上光線和陰影的不同與對比，而呈現出臉的樣貌。如果是用線條將臉的輪廓勾勒出來，是非常不真實的事情，因為根本沒有這種東西存在。

跟隨這樣的藝術感受，你能夠用黑、白，或其他色彩來呈現出真實的東西。線條自然就會出現在其中，當你仔細看著光和影，或是色彩之間的接界處時，才會看到「線條」自然浮現。

所以，在引導孩子繪圖時，絕不能從「用線條繪圖」（drawing）開始，而要由「塗色／上色」（painting）開始，利用色彩、光與陰影來呈現。因此，「用線條畫圖」在教學上真正的價值就在於讓我們能夠完全意識到它所表現出來的東西不具真實性。

「用線條畫圖」的繪圖方式，已經對我們整個思考方式造成了很大的危害。從光學中我們都知道，那些人們繪畫出的線條，實際上是來自

光線。我們要如何真正找到這些光線呢？根本找不到這樣子的光線啊。現實中看到的，是光所形成的圖像。如果你在牆上鑿一個洞，讓陽光能夠透過這個洞，並在布幕上呈現出光的影像。我們也許能夠看得到光線，尤其當空氣中灰塵越多的地方光線越是明顯。然而，通常這樣繪製的連接線條是想像出來的。事實上，所有東西都是經過思考的。所以，只有在開始教孩子透視圖（perspective）的時候，才開始用線條來做為瞄準線與目標線，因為，此時透視圖也必須靠抽象的方式來解說。

但是，教孩子用線條來畫出馬或是狗，是最糟的方式。可以讓孩子拿水彩筆，直接畫出一隻狗，但絕不是用線條去勾勒出來。狗的輪廓外框根本是不存在的東西，只有在我們把狗畫（塗）出來的時候，輪廓才會自然浮現。

最近我們發現，除了孩子以外，也有許多老師想要來我們學校教書。也許有些老師會很高興能夠在華德福學校教書，因為覺得這裡的環境很好。最近我碰到很多人，他們跟我說，他們都是已經在師範學校中受過教學專業培訓的老師了。其中有些歷史和語言教師讓我感到有些訝異，但最令我吃驚的是繪畫老師，因為他們感覺像是在做一件與藝術感毫無關聯的事，一點藝術感都沒有。

但原因是，我根本難以和這樣的繪畫老師交談（我並沒有提及他的名字，因此可以在這裡暢所欲言），感覺他們的生命是如此的無趣，他們也好像對現實生活一無所知。以繪畫為專業的他們，似乎和現實脫節了。和他們談話是很累人的一件事，不只是因為他們想在我們學校教「畫畫」（指的是用線條繪畫的方式），而我們學校根本不教孩子這些。這些經常在繪製非現實作品的人，他們的身心狀態看起來也是異於平常。他們總是看起來口乾舌燥。看到這些繪畫老師一直在做與現實脫節的事情，而逐漸變得如此乾枯，內心真的很難過。

也因為如此，所以我會說無論如何，一定要由「塗色／上色」開始，而絕不能教孩子「用線條繪圖」。這件事非常的重要。

讓我說明的更清楚一些，以免有任何的誤解。否則，你可能會以為是我個人對繪畫教師有偏見。

那麼，讓我這麼說：「這裡有一群孩子。我讓他們看到陽光從這邊照下來。陽光照到的地方，我們就會看到不同的光（見下頁圖）。光照到所有的東西上面。我可以看到許多明亮的區塊。這就是因為光線照進來，讓我能看到所有明亮的地方。

「但是，在這些明亮區塊的上方，我會看到沒有光線的區塊，這些

區塊顯得暗暗的（藍色）。
然後這裡明亮處的下方也
有暗暗的區塊，然後這邊
可能只有一點點的光照進
來。然後再來看，光線照
到的地方，看起來會有一
些這樣的綠色，而這塊黑
色陰影下面，又有一塊綠
色的區塊，然後你們看到

在這兩者之間，又有一個奇妙的地方。這裡就是光線完全照不到的地方
了。」

　　你們看，我一直在講光線、陰影以及光線照不到的地方；但是，你
瞧！就這樣，我已經畫出了一棵樹。我只用光與色彩，卻讓一棵樹的樣
貌出現了。我們是無法真正畫出一棵樹的，我們只能畫出光、陰影、綠
色、甚至是一點黃色，如果樹上有果實，可以剛好是顆甜美的蘋果。總
之，我們應該談的是真實存在的東西——顏色、光、陰影。

　　「線條繪圖」只應該用在幾何及其相關課程之中，那些才是與線條
有關的東西，因為那是透過思考所產生的。但是對於現實，**具體的現實**

事物，我們無法用筆去勾勒出輪廓，必須透過光、影子以及色彩來呈現，這才是這些事物最真實的樣貌。[2]

如果現在讓一位所謂「正統繪畫老師」來畫這棵樹，我們這些顏色和陰影所堆疊、呈現出來的東西，就會被他用線條的方式模仿出來。然而，現實中只有光和陰影處。這是出自於大自然之手，如果用線去勾勒出輪廓，就與真實狀況脫節了。

Q 外語教學上應該使用直接法，而不用翻譯法教學，拉丁文與古希臘文，是否也同樣適用？

關於這一點，拉丁文與古希臘文是個例外。對於這兩個語言，在教學時候並不需要將語言與現實生活做連結，因為它們已經不再是活的語言了[3]，而這兩個語言應該要等到孩子年紀大一些才能教（古希臘文應該在拉丁文之前教）。因此，我們說「用翻譯法教這兩個語言」，在某種程度上是沒有問題的。

2　原圖是用粉彩筆繪於黑板上，但這裡只能印刷為黑白的。

3　【中譯注】這裡所指的是古希臘文，現代的希臘文仍然是希臘、塞浦路斯等國家的官方語言。至於拉丁文，雖然目前仍是梵蒂岡官方語言之一，但只有在正式的宗教儀式中會使用。

拉丁文和古希臘文的用途，毫無疑問的，主要就是為了了解古代的文獻。所以，使用這些語言的目的就是在翻譯，可以用和其他語言不同的翻譯法來教授這兩個語言。

Q 應該要怎麼教「體操」（Gymnastics）？又是否可以教孩子一些體育活動，例如曲棍球（Hockey）及板球（Cricket），如果可以，那麼要怎麼教呢？

我發現，每次來到英國都會被問到這個問題。

華德福的教學方法並沒有要去壓制這些體能活動。這些運動已經是英國人生活中重要的一環，而孩子也應該在實際生活中成長。

我們不是要讓孩子成為「他所生活的這個世界的局外人」，但是這些體育活動的意義就僅只於此了。很多人都誤以為，在孩子發展過程中，體育活動有著重要價值，這是錯誤的觀念。這些體育活動唯一的價值，在於對英國人來說，這樣的流行已經成為生活的一部分。**不讓孩子去接觸那些廣受到大家歡迎喜愛的活動，會讓孩子對外面的世界產生陌生感，這不是我們要的。**

在英國，大家都喜歡運動，所以我們就讓孩子接觸運動。雖然我們認為運動在孩童發展過程中並沒有重要價值，但不表示要去否定運動在社會上的價值。

至於「如何教」，實在沒什麼特別可說的。這一類的事情就是讓孩子從模仿去學習就好了。因為這些事情不過就是讓孩子模仿他人。如果要特別為這個主題設計一些特殊的教學方式，是不太合適的。

而體操的教學，要應用從解剖學和生理學中所學到的相關知識，了解什麼樣的姿勢能夠讓身體更為敏捷，感受如何才能讓肢體更加的有技巧、輕巧又柔軟。

例如說，有一根單槓，大家都會習慣性的在單槓上做出各種動作，但經常會忽略最重要、最有幫助的一個動作——抓住桿子、勾住，然後左右搖擺，接著抓住桿子往上推、身體往回盪，然後再抓住桿子。沒有跳躍，但一直抓著桿子，在空中轉圈，做出許多動作，這些動作會讓手臂肌肉的形狀與位置不斷變動，實際上對全身都有強健的作用。

你必須先研究肌肉的哪些內部動作對身體有什麼樣的影響，才能知道該教哪些動作。然後，你**只需要在孩子面前將這些動作演練出來，因為這部分的教學方式就是老師要演練給孩子看。**[4]

Q 對於不同年紀的孩子，要如何給予宗教課程？

我同樣要從實際生活的角度來說。華德福的教學理念，是一種教育方式，目的並不是要將某種哲學或宗教派系帶進學校。所以，我只能從華德福教育的原則來說。

在符騰堡邦（Württemberg）[5]，對於教育相關的法律規範相對比較自由。當我們剛成立華德福學校時，當地政府十分的關心與重視，甚至同意了我的要求，讓我們能夠聘請我們覺得合適的老師，即便這個老師沒有取得政府核發的教師證書。當然，我的意思並不是說，有拿到教師證書的人都不適合當華德福學校的老師。這絕非我的意思。不過，我也看不出有任何理由能夠說服我，只要通過這個考試、拿到教師資格的人，就有成為華德福學校老師特質。

學校的運作在這方面，一切都算是順利。當我們創校的時候，有一點我們十分堅持：我們是一所「方法學校」（method-school）。我們不介入任何社會生活型態，我們只是透過人智學，找到了最好的教學方式，

4　以上所講的體操教法，後來由斯圖加特華德福學校的教師福里茲．包茲馬（Fritz Graf von Bothmer, 1883－1941）發展出完整的華德福體操教育。

5　【中譯注】德國西南部的一個邦，首都就是斯圖加特，也就是第一所華德福學校所在的城市。

所以我們學校純粹就是扮演著「方法學校」的角色。也因為如此，我們學校從一開始，就沒有把宗教教學放在教學課綱中。天主教的教義教學，應該由天主教的神父來做，而新教的教義教學，也應該由他們的牧師來做，以此類推。

創校的頭幾年，大部分的學生都是來自工廠裡的員工家庭（華德福菸草工廠），學生之中有許多「無特定宗教信仰」的孩子，也就是說，他們的父母都沒有特定的宗教信仰。然而，依據我們的教學判斷，當然還是要讓孩子對信仰有些了解。所以，我們就規劃了一門「自由信仰」的課程給孩子，而這門課，我們就有一套特別的教學方式。

在這堂「自由信仰課」中，**我們首先教孩子對大自然的一切，都要抱著感恩的心態。透過傳奇與神話故事，我們讓孩子了解石頭、植物等等的事物，在大自然中扮演的角色，藉此引領孩童感受到萬物神聖性。**我們從這種「比較適合孩子了解」的信仰開始，而我稱之為「宗教性自然主義」（religious naturalism）。

我再次強調，9、10 歲以前的孩子，不要教他們去理解《福音書》。等到孩子 9、10 歲後，才能夠講到《福音書》，之後才談到《舊約聖經》。在此以前，我們只概略教導類似「自然信仰」，而對此，我

們也有特定的教學方式。到了 9、10 歲後，才開始講到《福音書》；到了 12、13 歲時，才講《舊約聖經》。[6]

在「自由信仰課」中，我們不會去講授天主教及新教的教義，這些是天主教或是新教的神職人員該做的。此外，每週日我們還會舉行一個特別的儀式，讓有上自由信仰課的人可以參加。不同年紀的孩子，參加的儀式也都會有所不同。經過這些年以來，這些儀式的成果已經可以在日常生活中彰顯出來了。這是以非常特別的方式，讓孩子透過理解信仰的感受，自然喚出孩子內心願意奉獻的精神。

我們也允許孩子的父母一起參與這些儀式，很明顯的，這樣的自由信仰教學，確實為基督教賦予了新的生命。在華德福學校內，可以見到真正的基督教義，孩子經由年幼時期所接受的自然主義信仰課程，接著接觸到更深入的課程後，逐漸了解基督的奧祕。

---

6 除非你對其他兩部分的教育有所了解，否則這一段內容很容易造成誤解。首先：史代納博士在這裡只是在講宗教課程的內容。然而在主課程的語文課，老師會講到舊約聖經中的故事，但並非從宗教的觀點來說。其次，除了宗教課程外，華德福學校的所有孩子，都會參加學校四季節慶的活動，各個年級會以適合該年級的形式參加。然而聖誕節比較特別，整個待降期間（Advent），孩子會唱著聖誕頌歌、每天會打開一個待降月曆中的一個星星窗（star-window），然後點燃掛在教室裡聖誕花圈上的蠟燭。直到聖誕節前夕，老師會以一齣耶穌誕生的戲劇獻給孩子作為聖誕禮物。這一切都是為了讓孩子能夠去感受到聖誕節的氣氛。而之後在宗教課程中，他們才能夠透過這樣的體驗，對聖經有更深入的理解。

來參加這門自由信仰課的人越來越多，人常常多到教室都塞不下。其中有很多來自新教或天主教家庭的孩子，但我們從不對外宣傳。

其實，要找到好的宗教課老師非常的困難，所以如果有太多孩子來參加，會造成學校很大的負擔。同時，我們也不希望學校被冠上「人智學教派」的稱號。這絕非我們想要的。我們只是基於自己在教學上的判斷，覺得需要開這樣一門自由信仰課。但是確實也有越來越多的孩子離開他們的主日學校，而來參加我們的自由信仰課，他們比較喜歡這樣的教法。

這些孩子會離開原本的主日學校，並不是我們要求的。但正如我一開始就說的，一個大原則──各個宗教的教義教學，應該要由各宗教神職人員來負責。所以，當你問到我們如何教宗教，我只能按照我們自己有開的自由信仰課來回答你。

Q 在一所以英語為母語的學校中，是否應該從一開始就上德文課與法文課？如果孩子4、5歲時就入學，是否也該上外語課？

以英語為母語的學校中，是否應該從一開始就教法文或德文？我認

為，這完全取決於你們的環境狀況。如果你覺得在生活上有需要使用到這些語言，那就要教。在我們的華德福學校，我們選擇法語與英語，這是因為從法文中，我們可以學到許多其他語言沒有的內在特質，比如說修辭學上的一些感受。而選擇英文，則因為它是一個世界性的語言，而且未來將會越來越普遍。

但我不會斷然的說，在英國的學校，就應該要教法文和德文，你們得按照自己生活環境的需求而決定。對外語教學這件事，選擇哪一種外語並不那麼重要，重要的是——學校裡有外語課。

而如果孩子在 4、5 歲就上學了（其實，真的不該如此），讓他們接觸一些當然很好。這個年紀也是合適的。換牙前就可以接觸一些外語，但正式的外語課程必須等到換牙以後。如果學校有幼兒園，這個階段教孩子一些外語是很好的，但其他的課程就一定要等到孩子換牙以後、進入小學才行。

我在這裡要表達：看到你們如此積極的將華德福教學理念落實在英國，我感到十分欣慰。你們投入了這麼多的精力，要在英國創辦一所以人智學為基礎的學校。我希望，你們都能夠利用你們在斯圖加特的華德福學校師資培訓課程中，以及過去幾次在英國的講座，還有這次的講座

中所得到的一切，成功建立一所優秀的人智學學校。

請記住，一次就要讓它成功是很重要的，如果失敗會是很大的損失，因為許多人都會以第一次的成敗論英雄。而且，成敗也有很大的程度，取決於這個計畫是如何展開的。我們也可讓世界看到，這樣的學校並不是一所抽象的、為了某種一知半解的教育改革而出現的學校，也不是一個尚未成熟的新教育思維，而是**真正的從對「人」的理解角度出發的一所學校，正開始對教育這門藝術有所影響**。我們正處在人類文明的一個關鍵時期，大家願意共同擔起這樣任務。

最後，你們正走上了以人智學為基礎，創立一所學校的這條道路，我在此致上最深的祝福。

第二部

THE EDUCATION OF THE CHILD

從靈性科學，
探討兒童教育的真諦

靈性科學並非虛幻、渺茫的概念與理想，而是透過對
「人」最真、最深的認識，理解孩子從出生之前到生
命終止的那一刻，我們該如何用充滿生機的理解，灌
注這個獨特的生命。

從孩童的精神發展，
理解靈性科學在兒童教育的重要性

（1906 年 5 月 14 日，於德國柏林）

有了靈性科學中，生命之井的灌注，教育就能夠充滿生機與理解，也不會像現在普遍都還在處於摸索的情況。所有教育的藝術和實踐，若不能從這樣的根源不斷獲取新鮮養分，就會枯竭而死。

現今許多事物，都是歷經好幾代人傳承、遺留下來的。然而，現代人對這些事物開始產生質疑，也因此出現許多所謂「當前的危機」以及「時代的需求」。

到底有哪些事物會讓全世界都如此關注呢？社會問題、婦女問題、各種對教育憂慮、健康議題、人權問題等等。人們想出，並嘗試使用各種方式來解決這些問題。不斷有人提出解決問題的補救方針或計畫，希望即使不能完全解決，至少也能解決部分問題。在這個過程中，各派人

士都極力主張自己的意見——極端主義者（充滿了革命的精神）、溫和派人士（十分尊重既存事物，同時試圖從既存事物中發展出新的東西），以及保守派人士（當有人想要改變既有的制度或習慣，他們就抵死不從）。除了這些主流的門派、思想以外，還有許多各種不同立場與想法，也同時存在著、百家爭鳴。

當我們更深入的去看這些生活中的事物時，就可以發現並強烈感受到現代人的處境——這個時代的人，正用非常不適當的方法，來滿足現代生活的需求。許多人試圖改變自己的生命，但卻未曾真正理解到生命的基礎。那些會對未來提出願景的人，是無法滿足「如此膚淺的認識生命」的，他們必定會做更深入的探討。

想了解人類未來，
就必須先深入了解我們的潛在本質

整體來看，生命就像一棵植物，除了眼睛所能看見的外表，在眼睛所看不見的內在深處，同時孕育著它的未來。當看到一棵植物長出了新的葉片，我們就能夠預知：「終有一天，在這長出葉片的莖上，會長出花和果實。」因為早在萌芽的時期，這棵植物的內在就已經孕育了未來

的花和果實了。雖說如此，若僅將眼光放在植物的外表現狀，要如何能知道這棵植物未來長出來的新器官，會是什麼樣子呢？這一點，就只有真正認識植物本質的人才能告訴你了。

同樣以整體來看，人類的生命也蘊含著自己未來的種子。但是如果想知道這個未來會是什麼樣子，必須先深入了解人類潛在的本質。在這個時代，大家比較不願意這樣做，注意力仍然停留在事物的外表，認為「試圖超越外表，對內在做更深入的研究與了解」是不切實際的做法。

當我們談論植物的時候，一切就簡單多了。我們已經十分了解它會歷經萌芽、生葉、開花、結果如此反覆的規律。然而，人類的未來，在他的生命中只會出現一次。未來會開出的花朵，這時仍然蘊藏在人類的內在，還沒出現過，就像是植物長出葉子來的時候，花其實也是蘊含於它的內在。當我們能夠參透人類內在真正的本質時，才能夠看出一些人類的未來。因此，**所有的改革理念，唯有透過深入了解人類的生命本質，才能真正務實的達到成效。**

「靈性科學[1]」本身的特性以及可能性，讓它肩負著「提供我們能夠了解人類生命本質的實用概念」。過去的事物本身是否合理，並不是這裡的重點。我們真正關心的，是靈性科學真正的本質，以及藉由這個

本質所能達成的事情。靈性科學並不是脫離現實、只為了滿足人類好奇心或對知識渴求的理論；也不是為了讓少數自私的人，得以獲得更高層次發展的工具，而是真正能夠協助現代人完成各種重要事務，並且進一步促進人類發展的福祉。

既然肩負了這樣的使命，靈性科學就必須準備好去面對各種懷疑和反對的聲音與力量。各種不同領域中的激進派、溫和派和保守派勢力，必會不斷提出各種質疑，畢竟**靈性科學自始的存在，就不是為了取悅任何人，而是超越了派別運動的範圍、完全建立在「真正認識與感知生命」的基礎上。**

只要人們對生命有清楚的認知，其本身就足以扛起生命的大任。這樣的人不會隨意的訂定計畫，因為他們很清楚一個基本生命法則：「未來的一切，其實都已經蘊藏在現在了。」因此，靈性研究者必須尊重現在這個時刻已存在的事物，即便看到現存的事物仍有需要改進的地方，他們依然能將眼光放到更深層，去看到蘊藏在內的未來雛形而不受現在

---

1 靈性科學並不只針對生命的重大議題。正如這裡所說，靈性科學的目的是為了解決人類重大議題所提供的基礎，同時，靈性科學可以幫助每個人，無論他們身處何處。我們可以從靈性科學中獲得許多常見問題的解答，並得以獲得安慰、力量，以及在生活與工作上的信心。在遭遇人生重大問題的時候，靈性科學可以提供力量，同時也能夠滿足當下即時的需求，即便是在日常生活中看起來無關緊要的事情。

的影響。同時，他們也知道「一切事物的『轉變』都必須透過成長與進化」。因此他們能夠從事物當下的模樣，看出轉變與成長的種子。而他們看到的這些，某種程度而言就會成為一種計畫，因為它蘊含著未來發展的本質。

因此，我們可以說，對人類生命有著深入洞察的靈性科學，是對現代生活中，所有迫切問題最具成效也最務實的解決方式。

接下來，我們將證明靈性科學與教育問題是息息相關的。在這裡，我們對兒童需求與課綱不多做著墨，只是單純的談談兒童的本質。其實，只要從「人類實際的成長與發展角度」來探討，自然就能得出適當的教育觀點。

現代科學將人類對世界的認知，
侷限於一般感官所能感受到的事物

若想了解不斷演變的人類本質，就必須先看看人類潛在的本質。透過一般感官觀察所了解到的人類，以及物質主義的生命觀都認為：「物理上的軀體，是人類唯一的組成要素。」然而，對靈性研究者而言，這只是人類組成的一個部分。人類物理上的軀體，和其他存在於世界上的

無生命體，同樣都受到自然界的規律與力量所支配。因此，從靈性科學的角度來說，人類與所有礦物都同樣擁有這樣一個物質體（physical body）。礦物界的組成法則——元素的混和、結合、形成到分解，對人類來說，只有物理上的軀體能夠適用這項法則。

對靈性科學來說，除了物質上的軀體，組成人類的第二個要素，就是「生命體」（life body）或者稱「乙太體」（etheric body）。物理學家不需太過在意「乙太」（ether）這個詞，因為這裡所說的「乙太」，與物理學中所假設的「乙太」並不相同[2]，只是單純代表我在後面會談到的一個現象。近期，每當我談到這樣的「乙太體」，都會被認為是非常不具備科學概念的；然而，在十八世紀末和十九世紀上半葉，卻不是如此。那時期的人們認為：「礦物中所存在的物質和力量，並無法將礦物變成一個生命體。因此生命體中，必定存有一種特別的『力量』。他們將這樣的力量稱之為『生命力』（vital force），並且認為生命力對植物、動物以及人類起了作用，而產生生命現象，就如同磁鐵中的磁力，讓磁鐵產生吸引力。」

2　當時的物理學家假設大氣層以外的所有空間都是「乙太體」（ether），並認為乙太體是整個太空電磁輻射的來源。但是這裡所說的乙太，與當時物理學家所說的乙太，並不相同。

然而，因為物質主義開始盛行，這種想法就被取代了。人們開始認為，**生命體的形成方式和無生命體一樣，生命體和礦物體，都是藉由相同的力量組成；唯一不同的是，生命體的組成方式與結構，比礦物體更加複雜。**

　　而今，只剩下最頑固的物質主義者，仍然拒絕承認生命力的存在。許多自然科學家和思想家，因為看到生命存在的事實，已經開始假設出「確實有某種生命力或生命準則存在」。因此，現代科學近來的發展，在某種程度上也開始接近靈性科學對生命體的看法。但是，兩者之間仍然有著非常重大的區別。

　　現代科學是將感官所能觀察、感受到的事實，透過理性的考量與思辨後，做出生命力存在的假設。然而，這樣「以陳述感受為基礎得出結果」的方式，並不是靈性科學所採用的研究方法。我們得再度強調，靈性科學與現代科學之間有很大的差異。對現代科學來說，所有知識的基礎都是從感官體驗而來，無法從感官所體驗到的東西，就會被視為是「未知」的；一切的推論與結論，也都是從感官所看到、摸到、聽到的事物中得出，只要是超越感官所能感知的事物，就認為那些是「超出人類知識範疇」的東西。

生命體，讓身體得以生長、
繁殖並且讓體內的重要液體流動

從靈性科學的角度來看，這樣的觀點如同盲人認為「只有他摸得到的東西才是真正存在的事物，所有觸摸不到的東西就不存在」，當一位明眼人將自己眼睛所見的事物描述給這位盲人聽時，盲人拒絕接受他看不見也觸摸不到的事物的確存在、認為明眼人所說的這些，已經超越他的知識範疇。

靈性科學研究顯示：「人類具有進化的能力，能夠開發自己潛在的感官，讓他們可以感受到過去未曾感受到的新世界。」盲人身處在同樣充滿顏色和光線的環境，他們看不到，純粹是因為缺少了適當的感官。同樣的道理，靈性科學認為：「人類身處的環境存在著許多未知的世界，人們只有在特定感官被開發之後，才能察覺到它們的存在。」如同盲人修復眼睛手術成功之後，就能看到對他來說全新的世界，當人類更高層次的感官被開發了以後，就能夠感受到對他來說全新的世界，而這個世界與我們一般僅靠普通感官所感受到的世界完全不同。

盲人在手術後是否能夠恢復視覺，取決於身體器官的健康狀況。然而每個人的細胞中，都存在著可以讓人感受到更高層次世界所需的高層

次感官。只要有一些耐性與能量，並且運用《如何認識更高層次的世界》（*How to Know Higher Worlds: A Modern Path of Initiation*）這本書所說的方式，任何人都能夠開發這些感官。

因此，靈性科學從不認為人類的知識是有限的。然而，人類對世界認知的範疇，完全取決於感官所能感受到的。因此，靈性科學所談的，是要「如何才能將知識範疇向外擴大的方法」，也就是如何探尋生命體，以及後面所說的，屬於更高層次的人性。

靈性科學認知到「身體感覺的探索，只能及於物質的身體。」而從這樣的研究角度來看，至少能夠透過智識的思考，推測出有更高層次的人性存在。同時，能告訴我們如何才能打開這樣的世界，讓人們能夠看到這些更高層次的人性，就像盲人經手術後能看到顏色和光亮。對於那些已經發展出更高層次知覺感官的人來說，生命體就是感知的對象，而不再僅僅是靠智識的思考來推論。

人類與植物、動物，同樣都擁有生命體。**生命體透過形成性的物質和力量，對身體產生實質作用，讓我們的身體得以生長、繁殖並且讓體內的重要液體流動。**因此，我們可以說它是身體的營造師和塑形師，同時，也是體內的居民和建築師。所以，我們的物質體也可以被稱為生命

體的圖像或表現。就人類而言，物質體與生命體在形狀與大小上幾乎相同（雖說並不全然相同）。然而，對動物來說，生命體和物質體在形態以及大小上，就有很大的差異，而植物更是如此。

感知體，傳達痛苦、快樂、衝動、渴望、熱情等等感受

組成人體的第三個元素，我們稱之為「感知體」（sentient）或「星芒體」（astral body）。它能夠傳達痛苦、快樂、衝動、渴望、熱情等等感受，只有物質體與生命體的生物，是沒有這些的，而我們將這些統稱為「感受」（sentient feeling）或「感知」（sensation）。

植物是沒有感知的，在我們這個時代，一些學者認為植物對於外在刺激會有一些動作或其他反應，因此得出一個結論──認為植物具有某種感知能力。而這樣的推論，只表現出他們對於什麼才是「感知」毫無所知。關鍵點並不在於這個東西對外在的刺激是否產生反應，而是在於：這樣的刺激，是否會在這個東西的內在產生某種感受，例如疼痛、快樂、衝動、慾望等等。我們必須維持這樣的標準，否則我們也可以說：「藍色石蕊試紙對某些特定物質是有感覺的，因為一碰到那些物

質，試紙就會變成紅色[3]。」

所以說，只有動物和人類擁有感知體，並且能夠透過這個感知體來傳達感覺與感受。

我們絕不能犯下和某些神智學圈子一樣的錯誤，認為生命體和感知體，只是由比物質體更細小的物質所組成。否則，就是以物質主義概念來解釋更高層次的人類本質。生命體以一種「力的形態」（force-form）存在著，是由具有活性的「力量」所組成，而不是物質；而感知體則是在生命體內運作，有著內在流動的明亮色彩及光照的圖像。感知體與物質體的大小和形狀有很大的差異，它以一種細長的鵝卵形體呈現在人類身上，而物質體及生命體就蘊含在其中。感知體大於物質體與生命體，以活躍而明亮的模樣圍繞著身體四周。[4]

---

3 我們有必要特別強調這一點，因為在這個時代，非常需要釐清這樣的議題。很多人都模糊了植物與有知覺生物之間的區別，因為他們並不了解「感知」的本質。如果有個東西，因為受到某些外界刺激而有所反應，不能因此說這個東西是有感知的。只有當這個東西的內在生命經歷到這樣的感受，才能稱之為感知，也就是說，它的內在對於外在的刺激產生了反應。真正的靈性研究者，能夠了解現代自然科學的偉大進展，也理解這樣的進展讓我們對於更高層次的概念缺乏清楚的了解。有些生物學家並不知道什麼是感知，因此將一些沒有感知的生物也歸類於感知生物。以他們對感知生物的理解，同樣可以用在沒有感知的東西上。

4 我們必須了解，人類透過自身感知體所經驗的感受，和已具有靈性觀察能力的人對感知體的感受，這兩者是有所區分的。而這裡所指的，是已具有靈性之眼的人所看到的感知體。

自我，讓人類擁有更高層心魂的載體

還有第四個元素，而人類也是地球上唯一擁有這個元素的生物，它是人類的「我」（human I）或「自我」（ego）的載體。以「我」這個詞來說，完全不同於其他事物的名稱，如果你能夠正確思考這個名詞的特質，就能開啟覺知到人類真正本質。每一個事物都有一個大家通用的名字，每個人都能稱一張桌子為「桌子」，也可以叫一張椅子為「椅子」；但是「我」卻不一樣，沒有人可以稱另外一樣東西為「我」，只能稱自己為「我」。當你聽到另一個人說「我」的時候，那個「我」指的絕對不會是你自己；當一個人在說「我」的時候，必定是在稱自己。所以當人類在說「我」的時候，指的就是那個在他自己的世界裡的人。

以靈性為基礎的宗教，總能察覺到這樣的真理；因此，他們說：「『神』對於那些低等生物來說，只出現在他們周遭的外在世界；然而對於人類，因為有『我』的存在，於是『神』就在內在世界中對我說話。」這樣能自稱為「我」的載體，就是「自我體」（body of the I），也就是組成人類的第四個元素。

這個「自我體」，是人類擁有更高層心魂的載體，也因為有它的存在，人類才能成為地球上最高等的生物。現代的人類，「我」的性質絕

不是那麼簡單。如果比較在不同歷史發展階段的人類，可能就會發現到它的本質。

我們來看看一個從未受文明教育的原始人，和一個典型的歐洲人或一個有崇高理想的人來做比較。他們都具有稱自己為「我」的能力，也同樣都有自我體。但是從未受過教育的原始人，他們的「我」，更容易依著自己的熱情、衝動和渴望行事；較為文明的歐洲人，則會告訴自己，有些時候可以跟隨衝動與渴望，但是有些時候必須有所節制。而那些有著更高理想的人，則除了自身原來的熱情與衝動，還會發展出新的熱情與衝動。而這些，都是透過自我體對其他構成元素運作的結果。由自身向外工作，來提升與淨化人類本質的其他元素。

強大的「自我」，能夠透過自身的力量來改變感知體

已經超越原始外在世界所賦予狀態的人類，他們較低層次的元素已經在「自我體」的運作影響之下，或多或少有所改變。當人類剛要提升、超越動物時，他們的「自我」才剛剛被點燃，較低層次的元素仍然和動物一樣。

生命體只是生命的形成力、成長力、繁殖力的載體；感知體只能表

達出，那些受外在刺激而產生的衝動、慾望和熱情。隨著這樣的發展階段，人類經歷生命的傳承與好幾世的輪迴而越來越進化，在「自我體」持續運作之下，其他元素開始有所轉變。如此，感知體成了能夠淨化快樂和痛苦感覺的載體，讓人類的想望與渴望能夠更精緻優雅；生命體也開始改變了，它成了習慣、人類更持久的生命企圖或傾向、氣質和記憶的載體。當一個人的「自我體」尚未作用在「生命體」時，他就沒有生命歷程的記憶，只按照自然植入的生命而活。

這就是文明成長和發展對人類的意義所在。「自我」會對人類本質較低層次的元素持續不斷的工作，而且這個工作會一直深入到物質體中。在「自我」的影響下，整個外表和面相、身體的姿勢、動作都會發生變化，甚至可能會看到不同文化或文明，對人類本質的各個元素以不同方式作用著。

一般的文明因素在感知體上作用，並且以不同於最先的快樂和痛苦、衝動及渴望滲透其中。同樣的，當人們沉浸在欣賞偉大的藝術作品時，生命體就會受到影響。透過藝術，人們察覺到有某種比一般周遭感官環境更崇高的境界，人們就在這樣的過程中開始轉變他們的生命體。而宗教是淨化以及提升生命體強而有力的方式，這就是宗教信仰在人類進化中具有重大意義的地方。

我們所謂的良知，只不過是經過好幾世輪迴，「自我」在生命體上運作所累積出來的成果。當人們開始意識到不應該做這件事或那件事，而這樣的感受，強烈到在生命體留下印記時，良心因此出現。

而這個「自我」，對人類較低層次元素運作的結果，有一些是全人類通用的，而有些則是屬於個人的修為（也就是單純每個人的自我，對自身運作後的結果）。前者是靠全體人類共同的信念而產生的集體改變；後者則是靠個人單獨的修為。

「自我」可以變得十分強大，乃至於能夠透過自身的力量來改變感知體。如此造化感知體的「我」，就是所謂的「靈性自我」（spirit-self），也就是東方人所稱的「末那識」（manas）[5]。這樣的變化，主要是透過學習的過程，以更高的理想與覺察，滋養人的內在生命。

了解人類的發展定律，尋求正確的教育與教學

這個「自我」可以提升到更高層次的任務，一個出自於本性的任務。當感知體受到滋養，且生命體也完成轉變時，這種情況就會發生。

5　【中譯注】東方語彙，意指意識、意志、心靈。

人們會在一生中學到很多東西，當我們到了某個歲數、回過頭看看過去，可以對自己說：「這一路，我已經學到了好多。」但是對於氣質或性格的轉變、記憶力的增進或衰退，卻無法著墨太多。「學習」和感知體有關，而感知體的轉變又和生命體有關。如果我們將感知體轉變的速度比喻成分針，生命體則是時針，將兩者運轉的速度相比較，就不是那麼美好的圖像了。

當人們進入更高層次的訓練，或有人稱之為「靈修」（occult training）時，最重要的就是要讓「自我」的力量用以形構後者。我們每個人都必須有意識的，去努力轉變習慣與氣質，以及性格和記憶，透過這樣的方式，對「生命體」（life-body）工作，將它轉變為在靈性科學中所稱的「生命魂」（life-spirit），在東方則稱之為「菩提」（bodhi）[6]。

來到了更高層次的階段，我們就能夠獲得力量，並藉這樣的力量作用在物質體上，進而讓物質體有所轉變，比如血液循環以及脈搏的轉變。物質體經過這樣大量的轉變過程後，就成為「精神體」（spirit-body），或者在東方稱之為「梵我」（atman）[7]。

---

6 【中譯注】佛教術語，字面意思是覺悟、了解事物的本質、不昧生死輪迴，從而導致涅槃的覺悟與智慧。

7 【中譯注】梵文，意為真正的我，內在的自我。

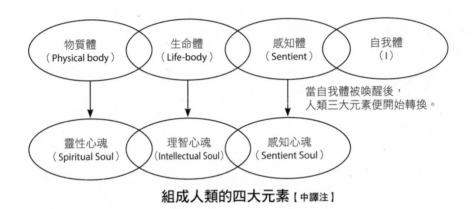

組成人類的四大元素【中譯注】

作為全人類的一員，或者是部分人類（比如國家、部落或家庭）的一分子，人類本性中較低層次的部分也會獲得轉變。以下所說的，就是屬於靈性科學中的這一類轉變：感知體透過「自我」而有所轉變，轉變後的狀態被稱之為「感知心魂」（sentient soul）；轉變後的生命體被稱之為「理智心魂」（intellectual soul）；而轉變後的物質體，則是「靈性心魂」（spiritual soul）。這三種轉化並不是一個接著一個發生的，從「自我體」被喚醒的那一刻起，這三種轉化就開始同步進行。事實上，直到部分靈性心魂形成與發展時，人才會察覺到自我體的運作。

綜合上面所說，顯然，我們可以來談談組成人類的四個元素：物質體、生命體（乙太體）、感知體（星芒體）以及自我體。而感知心魂、理

智心魂、靈性心魂，以及比這些更高層次的元素——靈性自我（spirit-self）、生命靈（life-self）、靈人（spirit-human being），則是人的四個元素轉變後的產物，它們之間的關係十分密切。當我們談到人類特質的載體時，通常也確實只會注意到前面的四個元素。

教育者就是對人類的這四個元素工作，因此，如果想要用正確的方式來工作，就必須對這些元素的特性有所研究與認識。我們千萬不要認為，這些元素從出生後，在人生中的任何一個時期都是均等發展。實際情況並不是如此，而是隨著不同年齡、不同階段而有不同的發展面向。**我們必須對人類發展本質定律有所了解，並且以此為基礎，才能發展出正確的教育及教學。**

人類必須經歷三次出生，才能成為最終的自由人

出生之前，是由另外一個物質體（軀體）所包圍著，並不是自己獨立的與外在世界直接接觸。胎兒所處的環境就是母體，也正是母體單獨影響胎兒的發展、讓胎兒日漸茁壯。事實上，孩子的誕生，意味著一個人從保護罩中脫離、獨立、直接與外在世界接觸。他們打開了對外在世界的感官，透過這些感官，外在世界開始在孩子的身上產生影響，如同

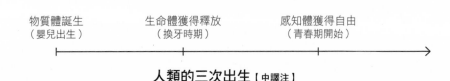

物質體誕生　　　　　生命體獲得釋放　　　　感知體獲得自由
（嬰兒出生）　　　　　（換牙時期）　　　　　（青春期開始）

人類的三次出生【中譯注】

之前由母體單獨影響胎兒的發展。

　　靈性科學代表的是「對這個世界靈性的理解」，而以靈性科學來看，在嬰兒出生的過程中，誕生的是物質體，這時生命體還沒有出現。胎兒從在母體時期開始直到換牙期之間，生命體以及感知體外圍，都有一層保護罩。當孩子開始換牙、保護罩褪去後，生命體才獲得釋放；而感知體，則是要等到青春期開始後，才能從保護罩中釋放，讓各方面都獲得自由。在此之前，無論是誕生的時候或是換牙時期，感知體仍需要維持受保護的狀態。[8]

8　若認為孩子在換牙前就有記憶等等能力，或者認為青春期以前的孩子就擁有與感知體（星芒體）相關的能力，表示這些人對這裡所說的內容有所誤解。我們必須了解，生命體（乙太體）以及感知體從生命一開始就存在，但外圍都有保護層罩著。而實際上，這個保護罩讓生命體得以在換牙前發展並彰顯記憶的特質。就如同胎兒在母體中，就已經有了眼睛，而這時候的眼睛受到母體的保護，讓外在的物理光線無法干擾發育。同樣的道理，在孩子換牙期以前，不應該讓外在的教育來訓練或影響記憶力的形成。如果我們只是去滋養它，而不以任何外力來開發它，就能看到這個時期的記憶力是如何自然及自由的發展出來。
而感知體的發展特質也是如此。在青春期之前，一樣需要受到滋養，因為此時的感知體外圍仍然有一層保護罩。青春期前需要保護、滋養發展中的感知體是一回事，而青春期後，感知體的保護罩退去，能夠獨立面對外在世界的影響，這又是另外一回事。這之間的區別非常的微妙，如果沒有透徹的理解，就無法了解教育的真諦。

因此，靈性科學中談到人的三次出生：在換牙前，生命體需要受到保護，不要讓他們在這個階段接觸到特定事物，就如同在母體的胎兒受到保護，還不能接觸到空氣和光線。

換牙前，「自由的生命體」還沒開始發揮作用，正如在母體內的胎兒，具備的能力都是母體環境所給予的。在這樣受保護的母體環境內，他們逐漸發展出自己的能力，而這段過程和出生後到換牙前的能力形成，是一樣的。

孩子出生後的第一個成長階段，生命體正處於發展及塑造的過程，因此，這時候孩子所有的能力都是遺傳而來，而非屬於自己本身的能力。孩子的物質體已經獨立的狀態下，內在生命體則為即將到來的自由做準備而努力工作，並在這個過程中發展出物質體所需要的能力。

當乳牙（遺傳而來的牙齒）開始被恆齒（這才是屬於孩子真正牙齒）取代時，人生中的第二副牙齒代表著第一階段的發展工作告一段落。因為這些恆齒比其他隱藏於體內的部位密度來得高，所以最晚出現。

之後的第二階段，人類物質體的成長就是由自身的生命體負責。然而，這時候的生命體仍然受到「還在保護罩內的感知體」影響。一旦感知體的保護罩也褪掉，生命體的另一個發展階段也就結束了，而發展的

結果就會展現在青春期。從這個時期開始，生命體得到自由，不再是從內部工作、保護罩不存在，是和外面世界接觸的時候了，所以代表繁衍下一代的生殖器官也開始獨立。

正如胎兒還不能受到外在世界物理影響，在換牙前，人們也不應該讓外在力量去影響生命體。感知體的發展也一樣，青春期之前也不應該受到外力的影響。

類似「孩子有協調發展的能力與天賦」這樣模糊又籠統的話語，是無法真正為教育藝術提供基礎。真正的教育藝術，必須建立在對人類真正的理解之上。並不是說這些話語不正確，而是在實際上，的確沒有任何實質幫助，就好像我們說一部機器的所有零件，都必須協調運作一樣沒有實質意義。

使用一部機器，是無法靠一些警世語或老生常談運作，必須鉅細靡遺的了解使用方式。同樣的道理，**教育藝術最重要的就是要對人類的本質元素以及不同的發展有深刻的了解。我們必須知道，在什麼樣的年齡、什麼樣的階段，應該要以什麼樣的方式來進行什麼樣的特別工作。**

當然，千萬不要懷疑，真正務實如我們這裡所談的教育藝術，必定會進展得很慢。事實上，這都是因為現代社會的整體環境心態，把靈性

世界的事實視為妄想空談，卻錯把那些模糊籠統的虛幻話語當作現實主義的思考模式，而這樣的情況，顯然會繼續維持很長一段時間。然而，我們仍然要在這裡毫無保留的講述這些「在未來總會成為常識的東西」，儘管至今許多人認為，這是虛構出來的想像。

胎兒一旦出生，物質體就會立刻暴露在外在物質環境中。出生前，有母體保護讓他不會與外界直接接觸。一開始，透過母體內的壓力與羊水，幫助胎兒成長到一定時期，而孩子進一步的成長，就必須交由外在世界的壓力與呵護來接手。

7 歲以前，每個個體都必須完成一項與其他發展階段不同的特別任務。在這個階段，身體器官必須成長到一定的樣貌；而整體結構性，必須朝某些特定的趨勢和方向發展。當然，在這個階段以後，仍然會持續成長，但是未來的成長都是以 7 歲前所發展出來的力量為基礎向上發展。如果這個階段的形塑對了，孩子未來就會有正確的發展力量；形塑錯了，就會導致錯誤的發展力量。

如果忽視了 7 歲以前應該給孩子的教育樣貌，是無法事後彌補的。如同出生前，大自然給胎兒適合他們的成長環境；出生後，我們也需要給孩子適合他們的物質環境。只要提供孩子正確的物質環境，孩子的身體器官就能夠自行健康發展。

模仿與榜樣，讓孩子與周遭環境建立關係

　　有兩個奇妙的詞，可以清楚說明孩子是如何與周遭環境建立關係，一個是「模仿」，而另一個是「榜樣」。希臘哲學家亞里斯多德（Aristotle, 西元前 384－前 322）曾說過：「人是最會模仿的生物。」這句話用來形容處於換牙前第一階段的孩子十分貼切。**孩子會模仿周遭所發生的事情，並且這段模仿過程的印象，會在身體組織上烙下永恆的印象。**而所謂的「周遭環境」，必須要用最廣的定義來理解。不僅僅是周遭有形的事物，還包含了在這個環境中，孩子的感官能接收到的所有訊息，都會在孩子的內在產生作用。其中當然也包含了孩子所看到的一切道德或不道德、明智或荒謬的行為。

　　真正會影響孩子的，是成人在孩子面前所做出的行為，而不是那些道德訓話或好言相勸。訓誡是一種形塑，而所形塑的是生命體而不是物質體，但在 7 歲以前，孩子的生命體外圍還有一層生命體保護著，就像是出生之前，胎兒的物質體被另一個同為物質體的母體所包圍、保護著。所以 7 歲以前，生命體需要發展的一切，包含概念、習慣、記憶等等，都必須由「自身」發展，就如同在母體的胎兒，必須在沒有外界干擾的環境下，自行發展出眼睛和耳朵等器官。

讓‧保羅（Jean Paul, 1763 − 1825）[9]所著的《列華納》或稱《科學教育》（*Levana* or *Science of Education*）一書中所提到的內容是正確無誤的。他說：「孩子在生命中的前幾年，從保母那裡學到的，將比他們未來環遊世界所學到的還來得多。」然而，**孩子這時候的學習是透過模仿而不是教導或訓話，生理上的器官會因應周遭物質環境所產生的影響來自行形塑。**如果周遭環境有著適當的光線與色彩，孩子的視力就會有良好的發展；如果周遭成人都有著良好的言行舉止，就會在他們的頭腦與血液循環中，建立健康的道德感。然而，如果 7 歲以前的孩子，周遭的成人總是做出愚蠢魯莽的行為，這樣的行為自然會形塑在孩子的頭腦中，在未來，同樣也會做出愚蠢魯莽的行為。

用最自然的玩具，形塑孩子的想像力大腦肌肉

讓孩子動手去做適合他們做的事情，手部的肌肉就會變得結實又強壯；同樣的道理，如果讓孩子身處於適合他們的環境，他們的腦袋與各個器官組織，也能夠被引導到正確的發展過程。這裡有一個很好的例

---

9 【中譯注】德國文學家，《列華納》（*Levana*）為其著名教育相關著作。「Levana」一詞是希臘神話中，幼兒的守護神，保羅以此為書名，並於 1804 年完成這本主張理性的「新人文主義教育思想」著作。

子：將一條舊餐巾布摺一摺，其中的兩個角當作雙腿，另外兩個角當作手臂，然後打個結當作頭，接著用墨水點上眼睛、鼻子和嘴巴，這麼簡單就可以為孩子做出一個娃娃。你也可以選擇去購買所謂「漂亮」的，有著仿真頭髮以及塗上腮紅的洋娃娃。這所謂「漂亮」的洋娃娃，其實一點也沒有美感，反而會破壞孩子健康的審美觀。

這是事實，但這不是我們在這裡要討論的主題。對教育來說，還有一個完全不同的主要問題——如果在孩子面前的是餐巾布娃娃，他們必須透過自己的想像力，將這個娃娃變成真人。而在想像力的運作過程，同時會形塑我們的大腦。**大腦就如同手部肌肉，合適的工作可以讓它進入正確的發展過程。**如果換成將所謂的「漂亮」娃娃放在孩子面前，這時候的大腦完全不需要工作、不會有任何發展，反而會減緩孩子的發育，並且讓孩子顯得乾涸。

能夠如靈性研究者那樣深入了解大腦是如何形塑的人，就一定會選擇提供孩子足以刺激並活化他們腦部發展的玩具。那些僵化、公式化的玩具，對兒童發展其實有強大的摧毀力量和扼殺作用；相反的，任何能夠引發想像力的事物，則能幫助孩童發展。在這樣物質主義掛帥的年代，市面上真的很難找到好的玩具。例如，兩個可以活動的小木偶當作兩個鐵匠，讓他們面對面一起錘鐵砧，這就是很好的玩具。這樣的玩

具，在鄉下地方有時候還買得到。有一些活動繪本，孩子可以拉下面的把手，就能讓書本裡的一些圖像移動，這類的書也很不錯，讓孩子能夠自己將死板的圖畫轉化成有變化的圖像。這類玩具能讓所有器官都活化起來，而這樣的活化過程中，也同時在形塑這些器官。

當然，我們只能在這裡簡單說明，但是在未來，談到靈性科學時會有更詳細的說明，這也是靈性科學能做到的。這並不是一個空洞抽象的概念，而是可以作為現實生活指引的事實根據。

從周遭環境，培養孩子的健康本能

這裡可以提供幾個例子。在環境安排規劃上，屬於緊張型或容易興奮的孩子，與那些內向安靜的孩子必須有所不同。從房間的顏色、孩子周遭的各種物品，到他們穿著的衣服顏色，一切都要考慮進去。物質主義的觀點與正確的做法經常背道而馳，如果沒有靈性知識的指引，人們往往會做出錯誤的判斷。容易興奮的孩子應該盡量處於紅色或紅黃色的環境，而內向的孩子則應該盡量處於藍色或藍綠色的環境。關鍵在於這些顏色在孩子身上產生的互補色。

紅色的互補色是綠色，而藍色的互補色則是橙黃色。如果你盯著紅

色或藍色物體看上一陣子，然後很快的將眼光移到白色物體上，你很容易就會發現互補色。孩子的身體器官會產生這樣互補的顏色，這也是孩子需要的。如果容易興奮的孩子處於紅色環境中，他們的內在出現的，是互補的綠色，而綠色出現的過程具有鎮靜作用，器官會呈現較為平靜的狀態。

對於這個年紀的孩子來說，我們必須要徹底認清一件事：「**孩子的物質體有屬於自己的衡量標準，判斷什麼對自身有益。**」透過發展適當的渴望和慾望就能做到這一點。一般而言，健康的身體就會渴望對它有益處的東西。在成長過程中，我們要特別注意孩子生理上的健康慾望以及快樂的需求。快樂和喜悅，是喚醒與活化身體各個器官最好的力量。

如果沒有讓孩子和環境建立一個適當的物質關係，很容易會造成傷害，這在他們對食物的本能上，特別容易有這樣的狀況。如果父母餵孩子吃得過多，這會讓他們完全喪失對健康食物的本能；如果只給孩子剛剛好的營養分量，這樣的本能就能夠保留下來，這麼一來，他們會總是想要對自己有益處的東西，即便是一杯水，孩子也會很喜歡。

以靈性科學為基礎的教育藝術，對於這些事情，甚至特定的食物和營養都會有詳細的說明。這是因為，靈性科學並不是虛無飄渺的理論，

而是對生命本身，非常實際的一門科學。

　　身處於讓他們感到快樂的環境，也是形塑健康身體器官的力量之一。他們需要的，是一舉一動都充滿了快樂的老師，更重要的是，還要有著真誠無私的愛。當孩子處於這樣充滿愛及溫暖的環境中，就好比在「孵化」孩子的身體器官。

　　一個充滿愛與溫暖氛圍，並且周遭的所有人都能以身作則成為孩子榜樣，就是最適合孩子成長的生活環境。因此，任何不應該讓孩子模仿的事情，就要嚴格避免出現在孩子所處的場合之中。任何會跟孩子說：「你不可以這樣做。」的事情，大人也不能在孩子面前做。只要仔細觀察孩子是如何塗寫他們完全不理解的文字或符號，就可以發現孩子的模仿能力非常的強。事實上，這也是好的，他們先模仿、塗寫出字母，之後才學會理解這些字母的含意。因為模仿是屬於物質體的發展階段，理解則是屬於生命體發展階段，然而生命體的發展需要等到換牙期，外圍的生命體保護層褪下以後才能進行。所以，在換牙前，所有和語言有關的部分，都特別需要透過模仿來學習。最好的方式就是從「聽」開始，任何的文法規則或人為指導對孩子都沒有益處。

　　了解兒歌的價值以及如何運用，在早期幼兒教育之中也是很重要的

一件事情。**兒歌必須能讓孩子感受到優美及節奏感，優美的旋律比歌詞的意義來得更重要，若能夠讓孩子在視覺與聽覺上，感受到充滿活力的兒歌又更好。**隨著音樂起舞，對身體器官的形塑力量影響很大，這部分也不容小覷。

當孩子換牙後，才能從外部對生命體進行教育

當孩子開始換牙，包圍身體周圍的生命體保護層逐漸褪下，這時候就可以開始從外部對生命體進行教育。我們也必須非常清楚的知道，應該如何進行。

生命體的形塑和發展，主要傾向在習慣、良知、個性、記憶以及氣質。**生命體的教育，必須透過圖像與設立典範，也就是透過孩子被細心引導出來的想像力。**就如同 7 歲以前，我們必須給孩子一個實質的榜樣讓他們能夠模仿，在換牙期和青春期之間，我們也必須適當將具有內在意義和價值的東西，帶入孩子身處的環境之中。

這個成長階段的孩子，要由具有內在意義和價值的事物來引導。若要教導這個年紀的孩子任何充滿深刻意義的事物，最適當的方式就是透過圖像和故事。如果我們能透過圖像（無論是有形或無形的）與故事的方

式去引導孩子，讓孩子以自己的想像力去發掘這些事物的內在意義，那麼生命體就能夠發展出其力量。「以正確的方式發展生命體」並不是抽象的概念，而是可以看到並感受到的（當然不是透過外在的感官，而是透過心靈）。而這樣的感知，就是最適合教育這個階段孩子的方式。

因此，對這些男孩與女孩來說，最重要的是擁有能夠讓他們藉由觀察，喚醒內在理智與道德力量的老師。在孩童成長第一階段的那幾年間，「模仿」和「榜樣」是幼兒教育的關鍵詞，而到了第二階段的成長期，兒童教育的關鍵詞則是「追隨者」以及「權威」。**孩子面對老師，必須發自內心將他們視為權威，這樣的權威並不是來自於強制脅迫，而是自然且毫無疑問的接受。**藉由這樣的權威力量，讓孩子建立自己的良知、習慣與喜好，孩子的性格也能被引導到井然有序的方向，透過權威的眼睛來看待世界萬物。

一位詩人曾經說過這段優美的句子：「每個人都必須選擇屬於他們的英雄典範，跟隨他們的腳步披荊斬棘，開拓出一條通往奧林匹斯山的道路。」這句話對這個階段的孩子，更具有特殊意義。「尊重」與「虔敬」是讓生命體健康成長的力量，如果在這個階段沒有讓孩子遵循的對象，這對孩子來說，是一生重大的損失，也會造成生命體發育不良。

請大家想像一下，這樣的情境對孩子的性格會有什麼影響：8 歲的男孩經常聽到一位真正值得尊重和虔敬的人說話。而這個人所說的一切，也都讓這個男孩感到神聖而敬畏。這一天，小男孩終於要與他第一次正式見面，小男孩用顫抖的手將門打開，那位讓小男孩虔敬的人就站在門後。這種美妙的經驗，將會是孩子生命中永恆的寶藏。在成長過程中能夠有一位讓你景仰的老師，讓你能夠自然而毫無疑問的跟隨他的權威，將會是延續一生的幸福。

　　除了孩子生活周遭能帶來智識與道德力量的人之外，還有一些雖然不在孩子周遭，但是同樣可以成為孩子精神上虔敬的對象：歷史上偉大的人物、傑出男性及女性的人生故事，都能讓孩子藉此確認良心及思想的方向。抽象的道德標準，對這時候的孩子還派不上用場，必須等到青春期，感知體的保護層褪去後，才開始有實質的幫助。

　　特別是在歷史課，教師應該要按照以上所說的來進行教學。對換牙前的孩子講故事，目的是讓孩子能夠開心享受故事的喜悅與活力；然而，在孩子換牙後，選擇故事題材時要特別注意，因為這個時期說故事的目的，是在孩子面前呈現生命的圖像，引導出孩子效法的心魂力量。

換牙至青春期之間，
教學仍然要以圖像或象徵的方式呈現

有時候，透過能讓孩子感到震驚或排斥的適當例子，就能讓他們改掉壞習慣，不要小看了這個方式的效果。對於習慣和傾向，責備並沒有什麼幫助，相反的，如果透過有著類似壞習慣的人的故事，讓孩子知道「這樣的壞習慣會導致什麼樣的後果」，這樣的圖像可以讓孩子發揮自己的想像力，真正將壞習慣根除。

大家一定要記住一件事，那就是抽象概念對還在發展的生活體並沒有影響力，反而是透過生動的圖像，才能讓孩子在內心有所領悟。當然，這樣的方式仍然需要運用一些技巧，才能真正達到我們要的結果而不至於產生反效果。講故事要有講故事的藝術，不是閱讀所能取代的。

另一方面，在換牙到青春期之間，以鮮活圖像或象徵的方式呈現給孩子是很重要的。不論是自然的奧祕或是生命的法則，都應該運用象徵的方式來教學，而不能以枯燥無味的智識觀念傳授，這一點非常的重要。所有與精神層面相關的寓言故事，都必須能讓孩子聽完故事後產生虔敬，且感受到萬物存在的法則，而不只是在智識上的理解。

「所有發生的事情，都能夠變成寓言故事。」這句話是這個時期（換牙至青春期），兒童教育中很重要的指導原則。在教導自然法則之前，必須先透過寓言故事讓孩子從心靈上感受自然的奧祕，這是非常重要的。我們用一個例子讓大家更清楚的了解。

讓我們想像一下，我們想跟孩子說關於永恆的靈魂以及靈魂離開了身體這件事，最好透過比擬成「蝴蝶破繭而出」的方式。蝴蝶破繭而出，就好像人類死後，靈魂離開了身體。沒有事先給予這樣的圖像，任何人都無法以智識性的概念來理解這件事。透過寓言故事，我們與孩子的對話，不只是智識性層面，還有感情層面以及心魂層面。有過這樣故事經驗的孩子，等到年紀大一些，他們會以全然不同的心魂感受來接觸、學習這些科目的智識性概念。

面對所有的事物，如果無法先去感受它的存在，會是很嚴重的問題。所以老師必須以寓言故事的方式教導自然的奧祕和生命的法則，這一點很重要。這就是觀察靈性科學對生活影響以及如何實踐的好機會。

如果老師在課堂上，是用物質性主義的智識理性思考來「編造」寓言故事，一般而言，不會在孩子身上留下太多印象。因為這樣的老師，只能用智識性的聰明去拼湊故事，故事會牽強而失去了說服力。除非當

一個人在講述這個故事時，除了視覺圖像或是聽到的言語，還有一股精神上的暖流在說者與聽者之間流動，否則聽者不會產生印象。**如果講述的人，自己並不是真心相信這個故事，那麼這個故事對他人也無法產生感染力。**只有當講述者真心相信自己所說的故事如同相信絕對的事實，才能夠感動聽者；也只有當講述者帶著靈性覺知的活躍思考，才能夠真正做到。

我們拿前面說過的「蝴蝶破繭而出」的故事來舉例。真正學習並了解靈性科學的人，完全不需要強迫自己去相信這個故事，因為對他們來說，這個故事的精神意義是真實的。較低層次的蝴蝶破繭而出的現象，在較高層次的人身上，也會看到相同的發展過程，也就是靈魂離開身體時的狀況。他們是全心全意相信這件事，而這樣堅定的信念就像一股無形的暖流，在講述者與聽眾之間流動。生命就在老師與學生之間，毫無障礙的自由流動著。但是，老師必須要先吸取充沛的靈性知識，才能達到這樣的效果。從老師口中所說的每一字每一句，都必須帶著真正靈性科學的感受、溫度與色彩。

教育領域的美好願景就這樣展開。有了靈性科學中，生命之井的灌注，教育就能夠充滿生機與理解，也不會像現在普遍都還在處於摸索的情況。所有教育的藝術和實踐，若不能從這樣的根源不斷獲取新鮮養

分，就會枯竭而死。世界上所有的奧祕，都能夠透過靈性科學找到一個適當的寓言故事來說明；**每個事物的存在都有一個圖像，而這樣的圖像並不是人類製造出來的，而是已經存在於這個世界的力量，透過運作，將這些事物呈現出來。**因此，所有的教育藝術，都要以靈性科學作為存在的基礎。

智識學習，只是人類學習方法的其中一項

「記憶」是這個成長時期，最具特殊價值的靈性力量。記憶的發展與生命體的形塑有關。這樣的形塑讓生命體在換牙期和青春期之間獲得解放，所以，這也是透過外部，有意識的去發展並培養記憶的最佳時機。如果錯過這個時機點，就失去了完整發展記憶力的機會，未來才想亡羊補牢，就為時已晚了。

也因為如此，如果以智識性以及物質主義的方式來思考這個關聯時，很容易會犯下許多錯誤。以這樣的方式思考教育時，當然就會反對透過「記憶」來主導教學，而且會堅持反對單純的記憶力訓練，他們會用很多方式來證明孩子對於智識上無法理解的事情，就是無法記得住。然而，若只靠智識上的理解，又能真正學到多少呢？物質主義的思維模

式，很容易導向認為「只要對所有事物有了智識概念的理解，就等於認識了全貌，沒有任何超出智識概念範圍的東西存在」。這些人很難去理解，除了智識上的概念外，還需要其他心魂的力量，才能夠對所有事物有真正、完整的認知。

除了智識以外，人們還能夠透過情感、情緒，以及內在氣質來學習，這並不只是個說辭而已。 智識上的概念只是理解這個世界的方式之一，只有物質主義的思維方式，才會將它視為唯一手段。當然，也有許多非物質主義者，他們同樣將智識概念視為理解所有事物的唯一方式，他們也許自稱是理想主義或甚至自認為是靈性的觀點，然而骨子裡仍然以物質主義的方式在看待教育。因為「智識」，實際上是心魂用來了解物質的工具。

我們之前已經提過讓·保羅那本關於教育的著作，在這裡，我要引用跟這個議題相關的一段文字，讓大家有更深入的理解。在讓·保羅的著作中，確實有許多關於教育的金玉良言，非常值得大家關注。尤其是對老師來說，比起現今許多受大家推崇的作品更有價值。

這段文字內容如下：

「即便是一個完整的句子，也不需要去擔心是否超越孩子

的理解能力。你表達時的表情、聲調、語氣，加上孩子天生就有想要理解的渴望，其實孩子就已經能理解一半，而再給他們多一點時間，就能夠理解另外一半。對孩子來說，就像在說中文或是說話優雅的人，聲調、語氣就已經表現了一半的語言。請記住，就如同我們在學希臘語或任何其他外國語言之前，其實孩子在學會說話之前，就已經理解自己的語言了。靠著時間以及與事物的連結，就能夠漸漸明白所有的意義。5歲的孩子懂得『還沒』、『甚至』、『當然』、『只是』這些字眼，但現在若試著也對孩子的父親解釋這些詞是什麼意思，光是當然的『當』字，就隱含了許多哲學了啊！

如果一個3歲的孩子，就能夠理解8歲孩子的語意，為何一定要將孩子的語言能力限縮在十分幼小的階段呢？和孩子說話的時候，應該要將他們當作大幾歲的孩子，那些天才的歷史人物，不都是早在好幾世紀前，就透過書本和我們對話了嗎？跟孩子說話時，1歲的孩子要當作2歲，2歲的孩子要當作6歲，因為隨著年齡的增長，發展差異會越來越小。我們太容易將孩子所有的學習都歸功於老師了。然而，我們應該要記得，孩子內心世界、靈性的那一半認知（例如道德及形上學的概念）

早已存在，需要另外教導的只有另外一半。正因為如此，只具備物質圖像的語言，是無法提供任何靈性的原型，其所能做的僅只是啟發。

其實，當我們和孩子對話時，他們的聰穎與果斷，也應該會帶給我們聰穎和果斷。我們可以從他們的話語中學習到很多，就如同我們在教他們說話。他們的用字非常大膽卻十分精準！例如，我曾經聽過一些 3、4 歲的孩子說：製作木桶的人為『製桶人』（the barreler）、把蝙蝠叫做『天空的老鼠』（the sky-mouse)，一個站在望遠鏡後的孩子說自己是『看透人。』（I am the looking-through person.），或是說，我想當一個『吃薑餅人』（I'd like to be a gingerbread eater.)、『他笑話我從椅子上跌下來。』（he joked me down from the chair）、『你看，這個多麼一點鐘啊！』（see how one o'clock it is！)」

沒錯，上面所引述的這一段文字，有些地方已超出我們現在討論的議題。但是讓·保羅所提到關於語言的部分，對現在的議題的確有相當的價值。在智識理解之前，還有著另外一種超乎智識性的領會。**幼小的孩子不需要對語言的句型文法有任何智識上的理解，就能夠將所接收到的語言架構，直接進入心魂中充滿生命力的有機體。**同樣的道理，年紀

再大一些的孩子，在發展記憶力的時候也會接收到許多當下智識還無法理解的事物，需要經過時間的醞釀，等到年紀稍長才能夠理解。

先透過記憶學習，然後才做智識上的理解，運用這樣的過程，才能對所學的事物有最徹底的理解；就如同語言，先學會說了以後，才有能力透澈了解語法。所以，社會上有那麼多反對以「盲目的死記硬背學習法」的論調，不過是物質主義者的偏見罷了。舉例來說，只要給予孩子一些乘法基本規則的簡單例子（孩子的手指頭就是最好的工具，完全不需要借助其他工具），就可以讓他們開始背誦整個乘法表了。這樣的方式，才真正充分考量到孩子每階段成長的本質。如果在應該培養記憶的階段，卻將重點放在智識發展，就是嚴重違反他們成長的本質。

對於換牙期至青春期的孩子，必須避免灌輸智識性概念

智識是隨著青春期的來到，才會出現的一種心魂力量，在時機到來之前，千萬不要透過外在力量試圖影響它的發展。在青春期之前，應該讓孩子努力將前人的智慧寶藏都儲存到記憶當中；等到時機成熟，才透過智識，理解那些早已深刻烙印在腦海中的記憶。人類不但要記住已經

理解的東西，對已知的事物也要有所了解，而所謂「已知的事物」，指的就是如同孩子學習語言一樣，透過記憶所獲得的事物。

這個真理可以廣泛的套用在各種狀況。對於歷史事件，必須先透過記憶來吸收，然後才能以智識概念來理解事件的原委；先忠實的記住地理事實，之後才以智識概念來理解地理事實與歷史事件之間的關聯性。某種程度來說，智識概念的理解，必須從所儲存的記憶寶藏來進行。孩子在開始進行智識性理解之前，能夠記住越多東西越好。

我們在這裡，也不需要太過強調這樣的原理只適用於這個年紀（換牙期到青春期）的孩子；青春期以後，如果需要接觸一門新的學科時，當然可能要用相反的方式，反而對學習更有幫助（直接進入智識上的理解），但是即便如此，究竟應該使用什麼樣的方式學習，還是跟每個人的心理狀態有關係。然而，**對於這個成長階段的孩子，我們所在意的是，要避開智識性概念的灌輸，不能讓孩子的心靈因而枯竭。**

寓言故事教學，讓孩子從精神面感受世界

我們會發現，現在有些課程的設計完全不考慮感官知覺的發展，這就是物質主義思維的另一個不良後果。這個時期的孩子，所有的事物都

要非常注重精神上的感受。比如向孩子介紹一株植物、一顆種子、一朵鮮花時，不應該僅止於事物的表象。所有的一切，都應該化為具有精神意義的寓言故事。即便是一小粒玉米，其中也都隱含了許多肉眼所無法看到的精神意義——新的植株就蘊藏在其中。

孩子必須透過感受及想像力，鮮活的認識類似種子這樣內在蘊藏著看不到也摸不著的無形意義的東西。他們必須透過感受，發現萬物存在的奧祕。任何人都無法否認外在感官對那些無形精神的感受，其實是很模糊的，然而，如果我們對事物的觀察僅止於此，就絕對無法完整的了解真相。因為現實世界就包含了物質面以及精神面，要認識事物的精神面，就如同物質面一樣，需要準確而細心的觀察。如果人們都能夠像那些靈性研究者，意識到光靠外在感知來認識世界，會讓身心靈十分空虛，就絕對不會堅持只靠表象學習的方式了。

如果我們讓孩子學習各式各類的礦物、植物、動物，進行各種的物理實驗，卻沒有進一步的在教學上，將世界存在的現象化為寓言故事來喚醒孩子對於靈性奧祕的感受，孩子學習到這些知識，又有什麼用呢？

物質主義思維方式，在這裡真的是一點用處也沒有，而靈性研究者對這一點了解得十分透澈。他們同時也知道物質主義的思維方式，絕對

無法產出真正務實的教育藝術。儘管表面上看起來可能很實際，然而當需要以十分靈活的方式帶入生活時，物質主義的思維就顯得不切實際了。面對現實的世界時，物質主義思維卻顯得十分夢幻，雖然說物質主義者始終認為靈性科學的教學方式很夢幻。

毫無疑問的，即便靈性科學其實是由生命本身而來，我們也知道要將它運用在教育藝術上，還有許多障礙需要克服。這是必定的。以目前的狀況來說，大多數人會覺得靈性科學的真理很奇怪。然而，只要它確實是真的，終有一天會成為我們文明生活的一部分。

將靈性科學，運用在實際的教學現場

當老師非常清楚「能夠真正幫助孩子成長」的教學內容與方式有哪些，在面對各種可能發生的狀況時，才能處理得當。他們也必須知道如何看待心魂上的各種能力（也就是思考、感受、意志）[10]，才能呼應孩子在換牙期到青春期階段，生命體的發展。在這段時間內，生命體透過外在的影響，形塑得更加完美。

---

10 【中譯注】關於心魂各能力發展的詳細解說，請見本書 233 頁。

將正確的教育基本原則運用在 7 歲以前的孩子身上，能夠為他們奠定良好的基礎、得以發展出堅強而健康的意志力；而唯有發展良好的身體，才能培養出堅強而健康的意志力。接著，換牙以後，發展中的生命體帶來了一些力量，讓孩子的身型更加結實、內在發展更完整。對生命體最具影響力的，是情感與思考，而人類透過情感與思考，有意識的崇敬並經歷與永恆力量間的關係，也就是說，這些是來自信仰的經驗。

　　如果這個階段的孩子，心魂沒有受到信仰深遠的影響，就無法發展出健康的意志力甚至是性格。人們是如何看待自己在這個世界上的位置，會從他們的整體生命意志中表現出來。如果他們和神聖的精神之間沒有強烈的聯結，他們的意志和性格，就會一直處於不確定、分裂、不安的狀態。

　　我們之前說過，對於情感這一塊，適當的發展方式是從故事與圖像來引導，比如從歷史中找出偉人的圖像，然後呈現在孩子的面前。對自然的奧祕與美麗做深度探究，對於情感培養也是很重要的。最後，也同樣重要的就是——美感的培養與喚醒孩子內在的藝術性。

　　音樂元素能夠將深藏在生命體中的韻律感引導出來，唯有透過韻律感，生命體才能感受到所有事物。這個階段的孩子，如果沒有培養他們

的音樂性，他們未來的生命會變得十分貧乏；如果完全沒有韻律感，就完全感受不到這個世界。其他藝術性也同樣重要、不能被忽略。啟發孩子對建築形式、泥塑與雕刻、線條與設計、顏色協調這一些藝術的感受，都必須放在教育計畫中。不論環境有多麼簡陋，沒有任何理由說我們做不到。只要老師有正確的藝術感，對存在的萬物都能感到愉快與喜愛，加上對工作的熱情與精力，就能夠用最簡單的資源完成許多事情，而這樣的老師，所擁有的這些能力就是長時間在正確的美與藝術薰陶下的成果。透過這樣的影響力建構出人與人之間的關係是多麼高貴又美麗啊！就這樣，孩子在這些年所眼見的那些生命圖像，以及尊崇的權威影響下形塑出道德感。換言之，**美感的建立，能夠讓孩子培養出堅定的道德感，他們自然能夠感受到好的事物的美妙，以及壞的事物的醜陋。**

「思考」是抽象概念的內在生命，這個階段的孩子，還不適合去開發這一塊。但是，當我們透過圖像與故事，讓孩子去發掘生命與自然的奧祕時，思考就能夠默默的在沒有任何外力干預的情況下自然發展。就這樣，7歲一直到青春期之間，隨著其他靈性力量的發展，思考也逐漸成長茁壯、判斷力也會逐漸成熟；等到青春期來到時，青少年就有足夠能力建構對生命與知識獨立的見解。在此之前，越是沒有外力去影響孩子判斷力的發展，越能讓它自然而然發展得更好，對這個孩子往後的生活更有益處。

靈性科學的觀點，除了為靈性及心理教育的基礎外，同時也是體能教育的真正基礎。透過兒童遊戲以及體操活動，就可以說明這一點。如同孩子幼年時期，四周充滿了愛與快樂；透過肢體活動，讓成長中的生命體體驗到自我成長以及越漸堅強的內在感覺。比如，體操活動的每一個動作及每一步，都要能讓孩子有種「我感覺到自己越來越強壯」的內在感受。這樣的感受越深刻，越能夠在內在產生健康的快樂與幸福感。

若想從這個角度來思考體操活動，光是具備人體解剖學和生理學的知識是不夠的，對於「怎麼做才會有快樂的感覺」以及「什麼樣的身體姿勢或動作比較輕鬆不費力」之間的關聯，必須有很熟悉的直覺性理解。這樣的理解並不只是智識性的，而是帶著許多情感的。**帶著孩子做這些肢體活動的老師，本身就要能夠感受到什麼樣的肢體動作與姿勢位置，能夠輕鬆的讓人感到愉快以及力量；什麼樣的動作與姿勢反而讓人感到失去力量。**進行體操以及體能活動的教學時，老師真正需要的，是靈性科學的心智習性，而這一部分也只有靈性科學能夠提供。他們不需要直接預見靈性世界，但是必須能夠理解將源自於靈性知識的東西運用在生活之中。

如果將靈性科學的知識，應用於教育之類的實際領域，那麼「這樣的知識必須得到證明」這一類毫無意義的話語，很快就會消失了。能夠

正確運用的人很快就會發現，靈性科學知識確實讓生命變得更加強壯與健康，所以，在生活之中自然就能得到驗證。他們會理解到這是真的，因為在實際生活中確實是有效的，透過這樣的方式找到更強而有力的證據，而這些都不是那些所謂邏輯性、科學性論證所能提供的。

靈性真理是透過實際的結果來得到認可，而不是透過所謂的「證明」，無論這樣的「證明」有多麼的科學；事實上，這樣的證明只是一些邏輯上的爭辯罷了。

內在生命必須先累積足夠的生活經驗為基礎，才能發展判斷能力

青春期開始，感知體才開始現身。而後，感知體的發展，對外在世界敞開大門。至此，我們可以開始提供孩子所有外在的知識，來開啟並培養孩子的抽象觀念、判斷能力、獨立思考。

前面已經說過了，青春期以前的兒童早期階段，我們應該要營造出「不受外界干擾」的教育環境，讓孩子的心魂力量有適當的發展，就如同胎兒的眼睛及耳朵，能夠在不受外界干擾的母體中得到完整的發展。隨著青春期的到來，孩子已經逐漸成熟，面對所學的事物開始有自己的

判斷能力。**過早發展孩子的獨立判斷能力，是對孩子最大的傷害。人類的成長發展過程中，內在生命必須先累積足夠的生活經驗為基礎，才能夠去發展判斷能力。**如果在缺乏足夠的經驗與資訊狀況下就做出結論，這樣的結論就完全沒有基礎根據。這種錯誤的教育方式，導致眼光狹隘、片面思考，又以這樣零碎片面的想法來否定那些經過長久人類發展所印證而得出的理念。

真正成熟的思想，必須能充分尊重別人的想法。要有健康的思考，就要先對真理有健康的感受，而這樣對真理的感受，則是來自於對權威的信任而全然接收。如果在教育上觀察到這個原則，就不會像現在有那麼多人太快的自以為夠成熟到足以做判斷，因而糟蹋了原本能夠坦誠而毫無偏見的去接收生命感受的能力。沒有精神上的充分知識與經驗為基礎，就妄下斷論，是為自己放下一顆絆腳石。因為，一旦對某件事情下了斷論後，未來就會被這個斷論影響，面對已經下判斷的事情也不再去吸收新的經驗。

也因此，**思考必須以靈活的方式留在孩子的內在，讓孩子能夠先學習，然後才下判斷。只有當心魂的其他能力都已經成熟了，才是智識應該出現的時候。**在此之前，智識只能扮演一個載體——它的任務只有對發生的事情和經歷的感受有所認知，然後就全然接受這一切，而不是讓

還沒成熟的判斷力做主。基於此，必須避免在青春期以前教孩子任何理論的東西，這個階段應該要著重在簡單滿足他們生活／生命的經驗，並且讓這些經驗進入他們的心靈。當然，我們可以讓孩子知道對某一件事情，不同的人有不同的想法，但是必須避免過早對某一種特定觀點下判斷。因此，孩子必須以心魂的感受力接收人們的各種意見，而不對任何特定想法或意見下斷論。孩子應該要能夠聽取所有人的意見，然後對自己說：「這個人這樣認為，那個人那樣認為。」要用這樣的方式培養孩子的心靈，當然就需要老師運用大量的技巧，而這樣的技巧正是靈性科學所能提供的。

目前我們所能做的，就是根據靈性科學而發展出教育的幾個面向。而唯一的目的，就在於讓大家能看到這個偉大的任務——為了現代文明，我們必須將靈性科學實踐在教育領域之中。我們是否能夠達成這樣的任務，將取決於「是否能夠讓更多人理解這樣的思維方式」。要做到這點，必須先做到兩件事：

首先，我們得先讓人們擯棄對靈性科學的偏見。很多人都認為靈性科學只是胡說八道的妄想，然而實實在在實踐它的人，很快就會發現事實上並非如此。我們對持有這種想法的人不會有任何批評，畢竟這是現代文明的趨勢，很容易讓剛接觸的人認為靈性科學的支持者，不過是一

群愛幻想的夢想家。如果停留在膚淺的思考，就一定會得出這樣的結論，所謂靈性科學，指的是研究靈性的科學，這與現代文明對人類生命健康的觀點似乎完全背道而馳。只有更深入的思考後，才能夠理解「現代的那些觀點，本身就存在許多矛盾」，若沒有靈性科學為基礎，這樣的矛盾就會永久存在。然而，人類的發展自然會想要召喚這樣的基礎，因此絕對無法長期在沒有靈性科學的狀況下發展下去。

　　其次，要考量的就是要讓靈性科學獲得健全的發展。只有當各地的靈性科學社群都認知到：重點不僅僅只是建立教育理論，而是要讓靈性科學在所有與生命與生活相關的領域中開花結果。唯有如此，生命本身才能敞開大門、對靈性科學有所同情與理解。否則，人們會繼續將靈性科學視為少數古怪的宗教狂熱分子所組成的派別。無論如何，只要靈性科學能夠表現在靈性工作上的積極面及用處，從長遠來看，靈性科學運動勢必能被現代社會接受。

以靈性觀點為基礎的教學

根據人類身、心、靈發展，建構出的全人教育觀

（1906 年 5 月 14 日，於德國柏林）

如果你只了解一般的生命法則，那麼你其實只知道生命的一小部分。而很大的一部分隱藏在生命之中、一般感官無法感知到的地方。

許多人對「神智學」（Theosophy）[1] 存著一種偏見，認為神智學和實際生活距離很遙遠，因此我常常得去更正這樣的偏見。相反的，我經常會談到神智學如何引導我們進入實際生活之中，因為它所教導的法則，不斷在我們的周遭形成生命。

　　如果你只了解一般的生命法則，你其實只知道生命的一小部分。而

---

1 【中譯注】這裡所說的「神智學」，就是後來的「人智學」（Anthroposophy），也是魯道夫·史代納所創立的哲學學派。之後，史代納更依此哲學理論，發展出華德福教育、人智學醫學、有機農業當中的生物動力農法／自然動力農法，以及藝術當中的優律思美、形線畫和人智學建築。

很大的一部分隱藏在生命之中、一般感官無法感知到的地方。我相信，人們很快就會意識到——要有更好的生活，就必須去研究那個隱藏的世界，因為物質主義在各種不同領域中，最終都會帶來重大的危機，而其中，我們要特別注意的就是在「醫療健康」和「教育」這兩個部分。

究竟，我們該如何教育未來的世代？物質主義在所有重要的議題，如：社會、政治和文化問題等等，都帶來了重大的危機。如果我們仍然依循著這樣的道路繼續走下去，終有一天，會演變成我們再也無能為力，也不知如何去面對的局面。為了說明這一點，我就針對教育這部分，談談一些大家普遍關心的問題。

教育，不能只依靠物質主義思維，而是考慮到孩子身心靈全人發展

以物質主義思維方式來思考教育的人，很容易就會出現扭曲的論調。他們不會去考慮到生命是有規律的，當然也不會思考到人的一生中，存在幾個非常清楚的發展時期與階段。比如，他們根本無法想像，大約在 6～8 歲左右結束的「幼年時期」，與從大約 7 歲開始到青春期的「兒童時期」，為什麼這兩者有著根本性的不同。如果你根本不知道

人在這個時期會有什麼樣的狀態，當然就無法理解為什麼準確的觀察孩子的發展，會是如此重要。

　　了解人類一生中，前三個發展階段是什麼樣貌，這一點非常重要。第一個階段是從出生一直到 6～8 歲；第二個階段則是從第一階段結束後，到 14～15 歲；接下來的第三個階段，就是從第二階段結束以後的七到八年。我們需要非常精準的去研究人一生中的這三個階段，不僅僅是從表面上來看，還要從靈性科學的角度來觀察，因為靈性科學所關注的，是隱藏在一般感官所無法感知的那個世界。

　　你要知道，人類的組成並不僅僅是物質上的身體，還有以物質身體（物質體）為基礎所形成的「生命體」，形狀與物質體大致相似，以及呈現雲霧狀的「感知體」。物質體以及生命體，就在這感知體之中。而在這當中，還有一個「自我」的載體。在這裡，我們要更深入探討：除了物質體外的生命體、感知體以及自我體這三個元素的發展狀況。

　　如果想要看到一個人完整的樣貌，就連物質體出現在這個世上以前的狀態都得一併了解，也就是孩子在出生前，還在母親肚子裡的時期。純粹就物質上的肉體層面來說，我們必須清楚區分這兩個時期的不同，因為太過早產的孩子是無法存活下來的，而孩子無法存活的原因，是因

為用來與外在世界互動所需要的各個感知器官發育尚未完全。那些器官，包括眼睛、耳朵以及活在這個世界所需要的其他器官，都必須在母體中、受保護的環境下才能完整發育。當這些器官還沒發育完全時，孩子還需要另一個物質身體（也就是「母體」）來保護，以免與外在世界直接接觸。

當孩子的器官發育完全成熟，到能夠在沒有母體保護的狀況下直接與外在世界接觸時，就是孩子該出生的時候。然而，生命體以及感知體的狀況就不同了。孩子剛出生時，生命體與感知體幾乎還沒開始發展，所以還不能與外在世界有直接接觸。

從出生到大約 7 歲之間，生命體就會開始經歷類似孩子出生時的過程。只有這個過程結束後，生命體才正式「誕生」。同樣的，感知體則是在孩子 14～15 歲時才正式「誕生」，而兩者都是在誕生以後，才能開始自由發展，並獨立活動於這個世界。

你必須很清楚，**孩子 7 歲以前不能對他的生命體做任何特殊要求；同樣的，在孩子 14 歲以前，也不能對他的感知體有任何特殊要求。**雖然很多人看不到這一點，但是過早將孩子的生命體暴露於外在世界，這樣殘忍的行為，就像是強迫才懷胎五個月的胎兒離開母體，在還沒準備

好的時候就讓他暴露在這個外在環境中。而在 14 歲之前，將感知體過早暴露於外在世界也是相同的道理。

我得重申一次剛才所說的：「7 歲以前的孩子，只有物質體已經發育成熟到足以承擔外在世界可能對他產生的一切影響。」這個時期的生命體正忙著在內部發展自己，這時候透過外力去影響它，會造成很大的傷害。所以說，7 歲以前，我們可能只與物質體一起工作。到了 7〜14 歲時，才可以開始對生命體開始工作，然後到了 15 歲以後，才能對感知體的發展進行一些工作。

教導 7 歲前的孩子，
我們必須「以身作則」、「身體力行」

所謂「要對孩子的物質體產生一些影響」，意思就是透過外在的刺激，有效幫助孩子發展物質體，因此，有些事情如果在 7 歲之前被忽略了，未來將無法回頭彌補。

7 歲以前，物質體的發展是靠孩子對外在世界感受到的印象。7 歲以前的孩子，如果眼睛所見都是美麗的事物，孩子的眼部發展就會保留著對美麗事物的感覺，而這樣的美感將會陪伴他一輩子。錯過了這個時

期，孩子再也無法用同樣的方式來培養他的美感。同時，**對於 7 歲以前的孩子，你所說的話和對他做的事遠比不上你為他創造的生活環境，以及他在環境中所聽到以及看到的事物來得重要**。在這個階段，我們必須使用一些外在刺激幫助孩子內在成長。孩子可以光靠天生的自由心魂——眼睛看著一塊挖了幾個洞或畫上幾個點當作眼睛、鼻子和嘴巴的木頭，就能夠在腦海中創造出一個人形出來。如果這時候給他一個漂亮的洋娃娃，孩子的想像力就會受到約束。孩子內在心魂就會依附著具象的玩具，無法發展出屬於自己的遊戲，讓孩子喪失所有的想像力。

基本上，感知部分也同樣重要。你在孩子面前是什麼樣子，孩子看到的以及聽到了什麼，這些都很重要。當孩子周遭都是良善的人，他自然就會成為一個良善的人。孩子會模仿周遭環境的事物，我們必須特別重視「以身作則」，且千萬不要低估了孩子的模仿能力。因此，正確的教導方式，就是大人要身體力行要教孩子的所有事情，讓孩子能夠盡情的模仿。也就是說，孩子 7 歲以前，我們必須將重點放在孩子的身體發展。這段時間內，我們當然不會以任何有意識的教育方式，對他更高層次的元素產生影響。就讓孩子以自己原來的樣貌，自然的對這些更高層次的元素產生影響力。我們可以透過孩子原本就有的良善特性，激發他們良善的一面，就如同擁有健康身體的母親，自然能夠影響胎兒的身體

健康；老師在孩子的面前，也必須努力的扮演一個全面、圓融且獨立自主的人，並展現出崇高且良善的思維。

面對 7～14 歲的孩子時，
要建立基本生活習慣、促進記憶力發展

等到孩子 7 歲以後，就可以有意識並小心的去影響他們的生命體。這時，習慣和記憶就成了發展生命體時要特別關注的兩個重點。生命體的發展取決於習慣和記憶，也因為如此，我們應該要盡全力讓孩子養成良好的生活習慣，這會讓他們一輩子受用無窮。

每天都處於變化之中、永遠在做不同事情的人，他們的行為缺乏穩定基礎，未來個性上的發展也會有缺憾。**7～14 歲的成長階段，最主要的任務就是建立一套基本生活習慣，並促進記憶力發展。**孩子需要學到良好的習慣，並且儲存豐富的記憶。

在物質主義掛帥的時代，人們常常會誤認為「幼兒就應該開始學習自己做決定」。事實上並非如此，我們也應該要盡量避免這樣的情形發生。幼兒時期，孩子應該要透過權威來學習；到了第二個七年的兒童階段，孩子的學習應該要透過大人的引導，而不只是單純的模仿。老師只

需權威的引導孩子，不需要向他們解釋原因及理由，就能讓孩子形成強大的記憶力。因此，必須有能夠讓孩子願意依靠與信賴的人，成為他們的權威，讓孩子能夠真正的去相信他。

經歷過這個成長階段，才能開始引導孩子發展獨立判斷能力。太早讓孩子脫離權威的限制，反而會造成生命體無法得到完整發展。

在 7～14 歲的第二個階段，孩子需要的是榜樣與類比，不是證明或定論。這時候就給孩子定論，必定會影響到孩子的感知體發展，而這個時候，感知體還沒準備好接受這樣的影響。應該要提供給孩子的是「偉人的故事」，讓這些偉大的歷史人物，透過故事的描述成為榜樣。

關於生與死的問題也是如此，如果你能從大自然中找出例子，就知道要如何向孩子說明。你可以讓孩子觀察一隻毛毛蟲如何吐絲、作繭，然後又如何變成蝴蝶破繭而出，這正是比擬母親如何生下孩子很好的例子。而自然界還存在著許多其他例子可以引用。

教導孩子的行為，必須透過寓言故事而不是道德規範。畢達哥拉斯（Pythagoras, 西元前 570－前 495）[2]的一些名言，清楚演繹了這樣的教導方

---

2 【中譯注】古希臘哲學家、數學家和音樂理論家，同時也是畢達哥拉斯主義的創立者，著名的數學公式「畢氏定理」，就是由他所發現的。

式。當他想表達「沒有想清楚就行動，只會徒勞無功」時，畢達哥拉斯只簡單的說：「不要用劍來滅火。」另一個例子則是，當想表達「不要牽扯你一無所知的事情」，畢達哥拉斯只說：「留著你的豆子。」這句話除了文字上的意義外，還有著道德上的意義。

在古希臘，當人們需要共同做出某些決定時，他們會發黑色與白色豆子給大家，大家依自己的想法放回黑色或白色的豆子，接著就會從放回的豆子中，計算這兩種顏色的數量，這就是他們投票的方式。從這個意義來說，畢達哥拉斯簡單的以「留著你的豆子」，表達當你對某個公共事務一無所知的時候，請把你的豆子留下來，不要隨意投票。

運用這樣的方式來教導孩子，影響的是孩子的想像力而不是智力。使用的圖像越多，對孩子的影響力就越大。歌德（Johann Wolfgang von Goethe, 1794－1832）的母親為他所做的最好的事，就是跟他說了許多寓言故事。她從不跟他講大道理，有時候，母親沒有講完的故事，歌德還會自己編造出故事的結局。

如果在孩子 14 歲以前，就強迫他們進行批判性思考，對孩子來說是非常不利的，這會迫使他們自己妄下結論，不再景仰周遭有權威的人。如果這個階段的孩子無法擁有崇敬的對象，對他們非常不利。缺乏

一個可以遵循的好榜樣，生命體就會呈現虛弱、膚淺及發育不良的狀況。如果孩子在尚未成熟的狀態下，就決定了他們的宗教信仰，並對這個世界的許多看法有了定見，這會是十分糟糕的事，因為這些是在他們的感知體可以自由發展時，才應該擁有的。我們越是能夠保護孩子不要過早在不成熟的狀態下，就對事物進行評斷或批判，對他們身心發展就越有利。

在孩子的感知體尚未成熟前，明智的老師會努力透過事件本身，讓孩子去看見，卻不會讓孩子在宗教信仰上做出決定。然而，這卻是現在許多物質主義為導向的教育，經常會做的事情。

如果大家都能夠理解這一點，不同宗教間的混亂爭議很快也會消失。我們的判斷力與理性思考發展，應該要越晚越好，必須在孩子的自我意識出來以後，也就是感知體完全成熟後才開始發展。在此之前，大人應該要給予孩子可以相信的人作為老師，而不是讓孩子自己決定要相信誰。等到青春期來臨後，當一個人被另外一個人吸引時，兩性之間的互動關係，代表的就是自我意識的出現。

靈性科學絕非不切實際，而是生命運作最好的引導

只要正確、深入研究並了解這三種人類發展元素，就會找到教育孩子最適當也最實際的基礎。靈性科學絕非不切實際，也不是飄渺於空中的理論，相反的，靈性科學是生命運作最好的引導。

這正是為什麼，我們今天需要更深化靈性科學的觀點。因為沒有它，人類將會走向困境。現在的人會批評過去的年代，沒讓孩子在年幼時就認定關於上帝和對這個世界的觀點，但是這個狀態，實際上是一種健康的本能。然而，我們現在卻得有意識的去做，才能夠落實這樣的本能。這些自古以來、自然存在於人類的本能伴隨著對生命細節的確定感都一起消失了。不過，我們也不能過於苛責人類[3]，事實上，如果我們真的在教育、醫學、法治等領域都完全物質化了，那麼人類社會也早已瓦解。以目前來看，顯然尚未發展到那一步，一些過去留下來的文化依然存在著。所以，我們在這個時候發起靈性科學運動，希望不讓物質主義主導整個社會發展，將人們帶入死胡同。

對孩子的心魂仍然有感受的老師，在一般學校官僚體系與規則下都

---

3 關於這一點，原文要表達的意思不是很清楚。

會感到窒息，而這些官僚系統與規則的存在，源自於一種「認為老師只需面對、處理孩子物質體」這樣的迷信。其實，這是十分諷刺的，即便這些老師已經有自己的宗教信仰，但是仍然會有這樣的迷信存在[4]。重要的是，人們要能夠有靈性上的感知，並且對於超越一般感官所能感知的生命存在，也能有所理解。

如果堅持認為「教育有可以套用的公式」，就絕對無法找到正確的道路。這些人對傳統教會教條的堅持信念，會讓他們完全不願意了解靈性發展。然而，現代社會需要的答案，必須來自於靈性世界，因此，我們必須尋求靈性的發展。物質主義只會導致不健康的人類物質體與生命體、感知體。如果人們不在靈性上深化，重大危機勢必無法避免。

許多現象都清楚顯示，現在社會正在為未來世界做出許多重要的決定。因此，我們看待所有事情時，眼光必須更加深入而不能只停留在表面膚淺的現象。人們對靈性的渴望與喜好是無法輕易消除的。靈性主義可以滿足一些有這種需求與渴望的人，然而他們卻想以物質主義的方式，試圖證明靈性的存在。天主教會與靈性主義有著非比尋常的關係，因為教會只關注於靈性方面的事物，同時教會的所有作為，都是反映出靈性的。

4　關於這一點，原文要表達的意思不是很清楚。

然而，最近有個非常有趣的事情，有一位教會成員想要尋求靈性存在的物質證據。教宗的私人醫師拉波尼（Lapponi）所著的一本書中，曾經明白表示他支持靈性主義。這會如此引人注意，是因為這本書顯然是針對那些「不再能夠感受到靈性的人」所寫的，他們需要看到明確的物質證據，來證明靈性世界存在。當教宗的私人醫生都公開支持靈性主義時，這當然有值得我們思考的地方。顯然，他想知道靈性世界的存在，但卻不了解教會是如何教導關於靈性世界。

透過這樣的方式，物質主義不知不覺的進入了宗教信仰，進入了這個原本完全不該擁有物質主義的領域之中。從這裡，你就不難理解靈性科學運動的重要性，我們不斷嘗試透過靈性科學容易理解的實用特性，讓人們不用遠離正常生活過著苦行僧的日子，就能夠真正理解靈性。

然而，靈性科學並不是要教導如何才能快速發展這股神奇的力量，或者是要如何將自己封閉起來，才能夠避免與現實碰撞。會這麼想的人都太過以自我為中心，充其量不過是個靈性的美食家。如果只想參與靈性上讓你覺得愉悅的部分，那麼層次只比那些一心只想著以美味早餐開始一天的人稍微高了一點而已。身體疲憊的人經常會創造出最美味的靈性佳餚。換句話說，只有當你努力去理解和服務生命時，才是一位真正的神智學者。當父母能夠看到他們的任務，就是在孩子成長發展的路

上，支持他們所走的每一步，而孩子就擁有神智學的精神。不要問：「在這樣的現代社會中，我們怎麼可能辦得到？」你要知道，重要的是，我們要有意識的記住——心魂是永恆的。

人們很容易相信生命是永恆的，他們希望在死後能夠立刻得到重生。然而，對於那些真正相信心魂是永恆的人，兩年和八十年之間的差別，只有七十八年而已，這個數字和永恆相比，根本不算什麼。他們相信永恆的存在，並能夠耐性的等待。我們必須習慣為全體人類謀福祉。讓我們所學的東西立即派上用場並不是那麼重要；相反的，我們必須利用我們所學，不斷的嘗試，直到最後找到能夠應用上的一小塊領域。

如果只是不斷批評所有的事務，那麼永遠也實現不了什麼。最好的方式就是——竭盡所能的去嘗試、不抱怨所學到的東西一點也沒有利用價值，也不是兩手一攤什麼都不做。我們應該在心魂之中接受這個真正實用的東西。當我們以靈性科學的方式工作時，生活自然就會有所改變。當人們成為神智學者時，就能夠在不知不覺中改變這個世界。最重要的是，我們有了對靈性科學的真正理解，然後依循著它來過生活。這絕對是個明智之舉，因為一旦將靈性科學應用在生活之中，自然就會產生良好的效果。一個對靈性有所理解的母親、老師、神智學者，自然就會做出與不懂靈性的人完全不同的決定與行為。**如果你對人類有真正的**

認識，那麼自然就能夠看到孩子在成長發展中的變化。最重要的一點，是透過真正的神智學觀點，不再有虛偽與表裡不一，比如說：周圍一些愚蠢的「重量級人物」，當他們談到孩子的教養問題時，會擺出一副道貌岸然的樣子。這樣的狀況都顯示人們對靈性沒有信心。

我們在這裡談到靈性科學的一些概念，讓大家有一點認識。這是實際生活的一部分。從前面所說的那些來看，我們可以看到，反對者說靈性科學會讓我們脫離現實生活，這樣的說法其實是一派胡言；事實上，它反而可以更務實的引導我們進入現實生活之中。任何思想狹隘的人，說起這些都頭頭是道，自認為自己是超越神智學的，但是總有一天，他們的想法會有所改變。不願意去了解現實生活或是去理解神智學所能告訴我們關於靈性的這些人，未來將成為所謂的保守派人士，無法因應未來的世界。我們也可以說，這些人不願去深入理解神智學的內涵，並從中學習到人類內在最實際的狀態。

從靈性科學看教育

用最細緻的覺察，看見孩子生命成長軌跡

（1906 年 12 月 1 日，於德國科隆）

我們必須完整了解組成人類的所有元素，以及它們之間相互的
關聯，才能夠知道要在什麼樣的時間點，以什麼樣的方式來影
響哪一個元素，對人才能有真正的益處。

二十年前，開始有靈性科學運動時，並不是為了要滿足對靈性世
界的好奇心，而是要讓更多人能夠了解靈性的相關知識。因為
靈性科學所提供的觀點，除了能幫助解決靈性的問題以外，對於日常生
活中的問題也同樣有很大的幫助。這也是今天講座的主題——靈性科學
是日常生活中的一部分，對每個人都會有很大的幫助。

人類本性的認知，與教育問題息息相關。社會生活所有相關領域之
中，最能夠從靈性研究中獲益的就是教育，因為超感官的知識可以在這
個領域中提供非常實用的指導原則。

從組成人類的四大元素（物質體、生命體、感知體、自我體），理解教育的本質

談論到這個議題，就必須探究人類的本質。對靈性科學而言，以智識對人類本性所理解的那一面，只是其中一部分。自然界的萬物都有著與人類相同、能夠看到並觸摸得到的「物質體」（physical body），這是人類與世界萬物的共同點。靈性學者所做的研究並不是出於推測，而是透過能看穿事物更高層次感官所觀察到的。他們發現了「生命體」（life-body，又稱「乙太體」）是組成人類的第二個元素，是一種靈性的有機體，比物質體更加細緻且優雅。它與物理學上的乙太（etheric）毫無關係，我們可以把它想成一種匯集的力量或是一股能量的流動，而不是一個具象的物質。

生命體是物質體的建築師，而物質體是生命體的結晶體，就如同冰是水的結晶體。因此，我們必須把所有構成人類物質體的各方面都視為從生命體中演化而來。自然界中，所有「有生命的事物」（植物與動物）都和人類同樣擁有這樣的元素。至於生命體的形狀和尺寸，除了較低等生物的形狀不太相同外，大多與它的物質體相差不遠。

動物的生命體比牠的物質體大，所以形狀會超出牠的物質體。對於

那些已經從自身開發出靈性能力的人來說，這些對於生命體的描述，不會覺得有什麼大不了的。對生命體的這種描述並沒有什麼奇怪的，就像一個明眼人，對於不同顏色（藍色或紅色等）的描述，也不會覺得有什麼奇特，然而對一個盲人來說就不同了。

組成人的第三個元素，就是「星芒體」（astral body，也就是前面所說的「感知體」），肩負著各式各樣原始的抑或者是已進化的情感與感受，例如：快樂與痛苦、渴望和想望等等。我們一般的思考以及意志力動機，也是蘊含於星芒體之中。就如同生命體，當一個人已有靈性能力，就能夠看到這個元素。星芒體呈現出一股雲霧狀環繞著物質體，自然界中只有動物和人類擁有這樣的元素。它是一個持續流動的狀態，反映出所有的感覺。但是為什麼會被稱之為「星芒」體呢？

物質體與整個地球相聯結；同樣的，星芒體則是與恆星世界相聯結。那些能夠看到星芒體與圍繞地球、星光界之間關聯的人，將存在於星芒體之中、決定一個人的命運和性格的那股力量，稱之為星芒體也就是感知體。

組成人的第四個元素，就是讓每個人都能自稱為「我」（I）的那個能力，也是讓人類成為地球上最高等生物的元素。而這樣的稱謂只適合用來稱

呼每個人自己本身；這也說明了實際上真正主導一個人的，是他心魂中最原始的神聖火花[1]（divine spark）。其他名稱都能夠與別人共享，當這些稱謂傳到我們的耳朵時也能夠維持原有的意義，然而唯獨「我」代表的是每個獨立個體的心魂時，每個人的「我」只代表自己，無法與他人共享這個稱謂。這就是為什麼在希伯來神祕學校裡會說：「我，是不能言傳的上帝的名字——耶和華」，又說：「我就是這個我。」即使是牧師也只能說：「我就是這個我。」所指的就是自己的心魂。

人類和礦物、植物、動物一樣都有物質體，和植物、動物一樣都有生命體、和動物一樣都有感知體。然而自我體卻是人類獨有的，也是讓人類成為自然界最高等生物的原因。而這四個元素，在神祕學校中就被稱為「四位一體的人類本質」（quaternity of human nature）。

從孩童階段一直到老年時期，這四個元素都各自以不同的方式在每個人的身上發展。這也是「為什麼了解一個人，就必須將他當作一個獨立的個體來思考」。一個人的特質在胚胎狀態時就已經存在了。然而，人類不是與世隔絕的生物，必須在某種環境下才能有所發展，在世界萬

---

1 【中譯注】神聖火花是基督教諾斯替教派最常見的觀念，也存在於神祕學中，主要是認為每個人的靈魂之中都存在著神的一部分。他們認為人類最真實的核心就是神聖火花，也就是自我的原型，又被稱為上帝的原型，以心理層面來說，這樣的核心與上帝並無分別。

物的環繞之下才能夠成長茁壯。在胚胎期，會被母體的環境所包圍，到了某種成熟階段才能開始獨立。接下來的發展，仍然會經歷類似的過程，就如同胚胎時期的胎兒必須有母體的保護一樣，出生後，在靈性尚未成熟前也必須被生命體及感知體保護罩包圍、保護著，就如同出生前，孩子在子宮中一樣。

孩子的生命體與感知體尚未成熟之時，
要避免外界對其影響

當孩子的換牙時期來臨時，生命體的保護罩褪去，就如同孩子誕生的時候。生命體的誕生，表示著它在各方面都獲得了自由。在此之前，生命體透過保護罩來滋養它，就像尚未出生的胎兒由母體提供養分。因此，生命體的保護罩褪去，就是孩子第二次的出生。此時，感知體仍然被保護罩所包圍，並提供養分直到青春期。當感知體的保護罩也褪去時，就是孩子第三次出生了。

上面所說的這三種元素在不同時期出生，意味著我們必須將這三個元素分開來思考。胎兒的眼睛，尚未出生時因為還在母體之中，沒有機會受到外在光線的傷害，然而對靈性層面的生命體來說，卻很可能在成

熟獨立之前受到外界影響，而這樣的影響卻會為它帶來很大的傷害；青春期前的感知體也是同樣的狀況。

根據靈性科學，**在孩子換牙以前，除了與物質體發展有關的事項以外，對於其他的領域都必須避免任何形式的「教育」與「訓練」；而且事實上，我們應該要將對生命體的影響降到最低**，就像在孩子出生前，我們不會去影響孩子身體發展一樣。然而，就如同母親必須照顧自己的健康（因為母親的健康對胎兒發展有直接的影響），在這時候，我們也必須尊重生命體的不可侵犯性，才能讓孩子健康發展。這一點非常的重要，在換牙之前，只有物質體能夠受到外在世界的影響；因此，所有的教育及訓練，都應該只限於物質體上。在此期間，任何以外在力量影響生命體的行為，都是違反人類發展的法則。

依照年齡、性格，給予孩子適當的外在影響力

人類的生命體已經和植物世界大不相同了，因為人類的生命體所乘載的是一個人的習慣、個性、良知、記憶以及氣質這類永久特質。而感知體所乘載的，則是前面所提到的情感生活，以及辨別與判斷能力。

從上面所說的這些事實就可以明白「什麼時間點，在哪一方面施以

外力的影響才是正確的」。孩子 7 歲以前，要發展的是身體的各個官能，讓它們能夠獨立且完備；同樣的，在孩子 7～14 歲之間，是培養習慣、記憶、氣質等的時候；從 14 歲到 20 或 22 歲之間，是發展批判性智力的時候，同時也已經具備某種獨立於周遭世界的能力了。

孩童年齡與發展能力對照【中譯注】

兒童年齡	發展能力
7 歲以前	身體的各個官能，讓他們能夠獨立且完備。
7～14 歲	習慣、記憶、氣質等等。
14～22 歲	發展批判性智力，同時也已經具備某種獨立於周遭世界的能力。

我們可以看出，在不同的階段需要不同的教育原則。孩子 7 歲以前，要特別注意所有會影響身體的事情，其中就包含了許多項目。這個時期的孩子，所有主要身體器官都處在逐步發展狀態，因此，孩子的感官影響非常重要，孩子經常會看到的、聽到的，以及吸收到的是什麼都很重要。這時期的孩子最突顯的就是「模仿能力」。希臘哲學家亞里斯多德（Aristode, 西元前 384－前 322）曾說過：「人是最會模仿的生物。」對於換牙前的孩子來說尤其如此。**在這段時間裡，所有學習都是透過模仿，因為所有的事情都是以光或者聲音的方式，透過感官進入孩子並且**

在孩子的發展器官上產生影響。所以，要確認孩子所處的環境狀態對他們是有益處的，這一點很重要。

在這個階段，訓話是沒有用的，用命令或是禁止的方式也不會有任何效果，但是「樹立典範」卻是最有效果的方式。孩子看到周遭環境發生的事情，就會覺得這是應該要模仿的。舉個例子，父母可能會非常訝異的發現，他們乖巧懂事的孩子怎麼會自己從零錢罐裡拿錢，而因此感到不安，以為孩子開始偷東西、學壞了。但是，如果進一步細問，就會發現孩子其實只是模仿父母親每天所做的事情。

所以，要確認孩子所看到及模仿的對象，必須能夠喚醒孩子的內在力量。教訓孩子是沒有用的，在他們面前的行為舉止才是最重要的。更重要的是，不允許孩子做的事情，大人就不能在他們面前出現這樣的行為，而不是禁止孩子模仿。

因此，對這個階段的孩子來說，教育者是非常重要的榜樣，只能做「值得孩子模仿」的事情。這時期的教育靠的就是樹立榜樣以及模仿，當人們深入了解人類的本質時，就會意識到這一點，並且基於這樣的教育結果來印證。至於「理解意義的能力」，則是生命體的功能，在孩子換牙以前，還不應該學習字母的意義，最多只能用畫畫的方式模仿字母的形狀。

教育者必須以能夠增進發展中器官健康，
並能夠發展內在力量的方式對待孩子

　　對靈性的研究，讓這些微妙之處都能夠被理解，甚至應該要做的細節都能被看到。孩子所能夠感受到的，即便是道德層次，都會影響身體器官的成型。被痛苦和悲傷包圍的孩子，以及被幸福與快樂包圍的孩子，在發展上的確會有明顯的不同。幸福與快樂的氛圍會讓器官健全成長，奠定未來健康的基礎。相反的，痛苦與悲傷則對身體發展十分不利，也會影響孩子未來的健康。因此，**孩子所處的環境，無論是擺設的物品、衣服顏色，甚至是壁紙，最好都是充滿著幸福愉快的氛圍**。所以，老師必須確保這一些，同時又要兼顧到每個孩子的個別性格。

　　對於個性比較執著或安靜內向的孩子，需要的是比較屬於暗色調的偏藍或偏綠的顏色；而個性活潑好動的孩子，需要的則是偏黃、紅的顏色。這聽起來似乎很矛盾，但事實上，這是視覺本性造成的互補色[2]效果。所以，藍色色調的互補色，可以讓內向的孩子開朗起來；而黃紅色調的互補色，則剛好能讓活潑好動的孩子穩定下來。

2　【中譯注】長時間凝視一個紅色物體，接著迅速把目光轉移到白色牆面時，視覺上會出現綠色塊，這就是所謂的「負片後像」。

由此可見，透過對靈性的研究，可以讓我們看到許多實際上的細節。我們必須以能夠增進這些發展中器官的健康，並能夠發展出內在力量的方式來對待他們。除此之外，我們不應該提供太過完美或過於接近成品的玩具給孩子，例如積木或完美的洋娃娃。隨手用舊的餐巾就能夠做出一個娃娃，再輕輕的點上眼睛、鼻子和嘴巴，這就是最好的玩具。這樣的娃娃，看在任何一個孩子的眼裡，都可以變成一個穿著美麗衣服的女孩。這是什麼原因呢？因為這樣的娃娃可以激起孩子的想像力，而這樣的想像力又會牽引內在器官的運作，讓孩子從內在產生幸福感。仔細觀察，這樣的孩子是以非常靈活、生動，又有趣的方式在遊戲、身心完全投入想像的世界裡；而手上有著完美洋娃娃的孩子，卻沒有那樣強烈的興奮感以及愉悅感，美麗的洋娃娃已經太過完美，完全不需要利用想像力添加任何東西了，這也讓孩子的內在器官處於靜止的狀態。

　　孩子正在發展物質體的階段，如果只有物質體受到外在世界的影響，孩子能夠分辨什麼樣的東西對他們是有益處的。若這樣的天生本能得以健全的保留，孩子自然會喜歡對他們有益的東西。但是，如果我們漠視這個狀況，孩子就會失去這樣的本能。教育應該建立在快樂、喜悅，以及孩子天生就有的渴望。在孩子幼兒階段，如果違背他們的天性，等於是在阻礙他們的健康發展。

當生命體的保護膜褪去，
就是感受權威、自信、信任以及崇敬的時刻

　　孩子大約 7 歲左右、開始換牙之時，生命體因為保護罩褪去而獲得自由。這個時候，老師必須帶給孩子可以促進生命體發展的東西，但是必須特別注意，仍然不能將重點放在培養孩子的智力和理性。孩子 7～12 歲之間，最重要的是權威、自信、信任以及崇敬。生命體所承載的是性格與習慣，因此這段期間必須注重這兩部分的培養，而不是發展論證或判斷能力，若不能在對的時間發展對的能力，會對孩子造成傷害。

　　男孩的生命體發展大約是 7～16 歲，而女孩則是到 14 歲左右。在這段期間，培養對人事物的尊重與敬畏，對人的一生來說非常重要。**將一些偉大人物的故事講給孩子聽，可以喚醒孩子內在尊重與敬畏的感覺，而這樣的偉大人物，並不一定要是歷史人物，也可以是他們生活周遭受人尊敬的長輩。**當孩子有了尊敬與敬畏感，對他們所敬畏的人就完全不會有任何批判或反抗的念頭。他們會非常期待有一天能夠與這個「讓他們尊敬」的人見面，而當這樣的一天來到時，孩子會帶著敬意站在門口、戰戰兢兢的將門打開、進入這個對他們來說是很神聖的一個房間、見這位讓他們尊敬的人。這股崇拜的心情，會在他們未來的人生中

成為支持的力量。因此，老師在這個時候，必須成為一個受到孩子尊重的權威，這一點至關重要。是人和人之間的關係讓孩子的內心產生信任感與信心，而不是憑道理。

會接觸到孩子的人，都必須成為孩子理想的榜樣；除了周遭環境以外，孩子還要能從歷史或故事中，找到他們的典範：「每個人都必須選擇屬於自己的英雄典範，跟隨他們通往奧林匹斯山的道路。」這是一句至理名言。

物質主義者反對權威，同時對尊重和敬畏的力量認識不足，這樣的觀點是完全錯誤的。他們認為孩子已有獨立自主的能力，卻沒有注意到，如果在生命體尚未成熟前，就開始發展孩子的判斷力，對他們的健康會造成重大的傷害。這個時期，記憶力發展非常重要，而單純的養成習慣性記憶就是最好的培養方式。不需要靠計算機，乘法表、詩詞韻文都應該以鸚鵡學語的方式來記憶背誦。當我們認為「要記住這些乘法表或詩詞等等，需要先有理解才能夠記住」是物質主義者的偏見，因為事實並非如此。

以前的老師都知道這樣的道理。在孩子 1～7 歲之間，會唱許多各式各樣的童謠和兒歌給孩子聽。最重要的意義在於這些兒歌的樂聲，而

不是歌詞的意思。為了讓孩子能夠從樂音中意識到和諧感，我們會發現許多歌詞只是為了讓歌曲聽起來更順耳，許多押韻是沒有意義的。例如下面這首德國兒歌：

小金龜子，飛吧（Maykäfer, flieg.）

爸爸在打仗（Der Vater ist im Krieg.）

媽媽在帕瑪地（Die Mutter ist im Pommerland,）

帕瑪地已被燒毀（Und Pommerland ist abgebrandt.）

小金龜子，飛吧（Maykäfer, flieg.）

順帶一提，在德文歌詞中的「Pommerland」，是兒語中「母國」的意思，這個詞源自於人們仍然相信人是從靈性世界誕生到地球上的時期，而「Pommerland」是「靈性的國度」。然而，在這樣的童謠中，這個字是什麼意思並不重要，重要的是聲韻，許多兒歌歌詞其實都沒有什麼特別的意義。

這正是孩子開始建立記憶、習慣以及個性的時期，而這些都必須透過權威的引導來達成。如果沒有在這段時期奠定好這些基礎能力，會導致未來的行為問題。由於**在青春期之前，是無法靠說理和行為規範來教導孩子**，因此必須要透過權威引導來教導青春期前的孩子。孩子可以去

感受到一個人的深度內在，而對有權威的人，孩子也因為對他們的內在有所感受而尊敬他們。老師和孩子之間的互動所產生的暖流，能夠幫助孩子形成並發展出良知、性格甚至氣質（永久的性格）。在這個階段，童話、傳說和英雄故事對孩子的生命體來說是最好的滋養，他們透過這些故事去體驗這個世界。

所有的教學，
都必須深入的從心魂角度看見孩子的需求

在這個時期，生命體和物質體一樣都需要得到良好的照顧。在幼年時期，幸福和快樂的感受會影響器官的形成；對於 7～14 歲（男孩則是到 16 歲）的孩子，重點必須放在能夠促進他們健康與活力的一切事物上。因此，體操是有其價值的。

然而，如果老師的目標只是在帶孩子做「對身體有益處」的運動時，就無法達到預期的效果。重要的是，老師要能夠憑直覺了解孩子的內在是如何感受到自己，這樣，才知道要帶著孩子做什麼樣的動作，能讓孩子從內在去體驗到自己身體健康、強壯、力量與愉悅的感受。在體操活動的進行過程中，能夠讓孩子去感受到自己日漸茁壯的感覺才是體

操所帶來的真正價值。**正確的體操活動，除了從表面看到對孩子的身體有益處之外，從內在如何去體驗自我的方式，也會很有助益。**

任何藝術都會對生命體以及感知體產生強烈影響。因此，優美的歌聲和樂器演奏非常的重要，特別是對生命體來說。在孩子身處的環境中，應該要充滿許多有著「真正藝術美感」的事物。

而最重要的，是宗教教育。超越感官事物的圖像會深深的烙印在生命體。**這個時候的重點並不是要孩子決定什麼樣的宗教信仰，只是要讓孩子接觸到對超感官事物以及超越一般世俗的描述。**而所有宗教相關的議題，都必須以圖片形式呈現。

教學必須要活潑生動，如果讓孩子在學習上承受太多無聊又死氣沉沉的負擔，對孩子會有很大的傷害。只要用生動有趣的方式來教導孩子，對孩子的生命體就會有益處。也應該要讓孩子有許多活動以及動手做的機會，這會讓他們精神上能有更快速的影響。

在遊戲方面也是如此。以前的那種圖畫書能夠給孩子許多好的刺激作用，有著小把手的機關，讓書中的人物可以移動，這樣活動的畫面能夠讓孩子產生許多內在感受。如果給孩子的東西都是已經完成、固定了、組好了的玩具，都會對孩子帶來負面的影響。這就是為什麼我們不

應該讓孩子玩制式的積木、樂高；**孩子應該要從零開始，學習如何從了無生氣的東西中，創造出生命來。**在這樣一個物質主義掛帥的時代，大規模量產那些毫無生氣的東西，也破壞了我們原有的生命活力。當孩子得做無意義的事情（比如：只能幫洋娃娃編頭髮），會減損發展中的大腦。現代社會中，許多人的才能被扼殺或身心不健康，起因都能夠回溯到他們的幼兒時期。因為毫無藝術感又了無生氣的玩具，是無法培養靈性層面的信任；而缺乏宗教信仰以及幼兒的教育方式之間，也有著根本關聯。

青春期，孩子的感知體獨立，開始學習批判性思考

當青春期到來，感知體的保護罩就會褪去，讓感知體獨立出來。隨之而來的有：開始注意到異性、判斷力以及獨立自主意見被喚醒。只有到了這個時候，才能開始對孩子訴諸於「理性」，也就是經過批判性思考後的認同或反對。但是，絕不是說孩子一旦到達這個年齡，就能夠完全獨立判斷，而在此之前更不可能有判斷力了。如果讓這些孩子自己來評斷爭議或是讓他們能夠決定文化生活，是很荒謬的一件事。20 歲以下的孩子，感知體仍然有一些未完全開發的部分，還無法完全獨自做出正確的判斷，就如同尚未出生的孩子還無法看清外在世界一樣。

每個成長階段都需要相呼應的影響，第一階段是透過模仿榜樣；第二階段是透過對權威的遵從；第三階段則是透過對行為的規範、原則以及行為準則。對於這第三階段的孩子來說，老師的角色更加重要，必須能夠引發孩子想要學習的熱情，並引導他們朝著正確的方向獨立自主。

靈性科學，讓老師得以有更細緻的覺察力，給予孩子適切的教育

因此，靈性科學對世界的觀點，提供了充分的基本原則，對老師教學上有許多助益。我們已經講了許多靈性科學如何應用在日常生活中，以及如何實際協助解決重要議題。我們必須完整了解組成人類的所有元素，以及它們之間相互的關聯性，才能夠知道要在什麼樣的時間點，以什麼樣的方式來影響哪一個元素，對人的才能有真正的助益。

如果懷孕中的母親沒有攝取適當的營養，胎兒就會受到影響，所以為了胎兒，母親必須得到良好的照顧；同樣的，孩子出生後，周圍保護孩子的保護罩也需要得到良好的照顧，孩子才能受益，這樣的道理不論是身體還是精神層面，都同樣適用。因此，只要孩子生命體的保護罩沒有褪去，周遭環境中的一切事物就非常重要。**周遭大人的所有思考、感**

覺、情緒，即便沒有說出口，對孩子都會產生很大的影響。我們不能以為：「只要大人不將自己的想法和感覺說出來，就不會影響孩子。」

身在孩子周遭的人，絕對不能讓自己有任何不好的想法或感受，即便只是將這樣的想法與感受，深藏在自己的內心。言語影響的只是外在感官，然而，思想和情感則會進入孩子的生命體及感知體保護罩、傳遞給孩子。因此，只要這些保護罩仍然保護著孩子，就必須細心呵護這一層保護層，任何心存不良的想法和情感，都會對孩子的保護層造成傷害，就像不好的食物會傷害到母體，最終都會對孩子產生不利的影響。

因此，靈性科學對於十分微小的細節也能夠察覺。透過對「人」的理解，老師獲得了所需的覺察能力。靈性科學並不是要說服任何人，它不是一種理論，而是能夠應用於生活中非常務實的知識，有著實質的效果，能夠讓的身、心、靈都更加健康，在生活中各種層面提供實質助益。在成長期間，靈性科學是培養年輕孩子成為更好的人的最好方式。人在成長以及成熟的過程中會發生什麼事情，一直都是生命中最大的謎題，只有真正的教育工作者，才能夠找到實際的解決方式。

從靈性科學看見教育最真實的樣貌
人類的成長軌跡，不僅僅是物質身體的成長，還包含了心魂的發展

（1907 年 1 月 24 日，於德國柏林）

教學方法和原則並不是最重要的，重要的是老師要有很深刻的
心理洞察能力，因此在教師培訓課程中，心理學研究是最重要
的課題。老師該關心的，不是孩子應該如何發展，而是實際上
究竟是如何發展的。

每 當討論到與今天這個主題相關的議題時，在我們的腦海中，必
須先有人類進化的完整圖像，才能夠理解個體進化的過程，如
何以教育引導孩子發展。教育主要是以學校為中心，我們必須以人類特
質以及一般進化過程為基礎，了解教育應有的樣貌。

人類演變階段年齡對照，
讓我們更理解人類成長軌跡

人的存在，是由四個不同的元素所組成：物質體、生命體、感知體，以及自我體。嬰兒剛出生的時候，只有物質體處於「準備好接受外在世界影響」的狀態；生命體要到換牙時期，才會正式誕生；而感知體則是要等到青春期來臨時，才正式誕生。

生命體所擁有的各種能力，如記憶、氣質等等，在換牙期之前都被生命體保護罩所保護著，就像眼睛和耳朵等身體器官，在出生前受到母體所保護。在這段期間，老師不該以任何外力去干擾孩子這部分的自然發展。

德國文學家讓‧保羅曾經說過：「孩子在生命前幾年中，從保母那裡學到的，將比他們未來環遊世界所學到的還來得多。」按照這樣的說法，我們為什麼還需要讓孩子去上學呢？

出生以後、逐漸成長的階段，嬰兒仍然需要許多保護，就像胎兒需要母體保護。當孩子成長到一定階段以後，才能開始有全新、獨立的生活。在到達這個階段之前，就是不斷以不同形式，重複早期人類的進化

過程：還在母體胎兒階段時，就是重複「遠古時期到早期的進化過程」；而出生後，則是重複「早期人類進化過程」。

　　弗里德里希・奧古斯特・沃爾夫（Friedrich August Wolf, 1759－1824）[1]對於人類從童年時期開始的演變，有著這樣的描述：第一階段是在 3 歲以前，他稱之為「金色、溫和、和諧的時期」，對應的是現在印度以及南島民族的生活；第二個階段是 3～6 歲，反映了亞洲戰爭及對歐洲的衝擊、希臘英雄時代，以及北美原住民時期；第三階段是 6～9 歲，對應的是從古希臘詩人荷馬（西元前 9－前 8 世紀左右）[2]到亞歷山大大帝（西元前 356－前 323）[3]時期；第四階段是 9～12 歲，對應著羅馬帝國時期；第五階段是 12～15 歲，這個時期的內在力量需要透過宗教信仰來提升，因此對應的是中世紀；第六階段是 15～18 歲，對應著文藝復興時期；第七階段是 18～21 歲，對應的是十六世紀宗教改革運動；第八階段是 21～24 歲，對應的就是現代社會。

　　這樣的分析，是很寶貴的精神基礎，但是必須擴大現實的適用性，

1　德國語言學家以及古典主義學者，同時也是歌德的朋友。他認為，《伊利亞特》（*Iliad*）和《奧德賽》（*Odyssey*）並不是由單一位作者所完成的作品。

2　希臘詩人，傳統認為他是《伊利亞特》以及《奧德賽》的作者。

3　由古希臘哲學家亞里斯多德教導、征服了當時許多地區，並且於西元前336－前323年時期擔任國王，最後於巴比倫因感染熱病逝世。

弗里德里希・奧古斯特・沃爾夫的
童年時期演變與人類歷史演進對照表【中譯注】

兒童年齡階段	人類歷史演進時期
第一階段（3 歲以前）	對應現在印度以及南島民族的生活。
第二階段（3～6 歲）	反映亞洲戰爭及對歐洲的衝擊、希臘英雄時代，以及北美原住民時期。
第三階段（6～9 歲）	古希臘詩人荷馬到亞歷山大大帝時期。
第四階段（9～12 歲）	羅馬帝國時期。
第五階段（12～15 歲）	中世紀。
第六階段（15~18 歲）	文藝復興時期。
第七階段（18～21 歲）	十六世紀宗教改革運動。
第八階段（21～24 歲）	現代社會。

且必須包含所有人類發展的演變。人類並不是從動物演變而來的，儘管遠古人類身體上的發展遠遠低於現代人類，但是與猿猴類絕不相同。

　　靈性科學可以追溯到當人類居住在亞特蘭提斯的時期。與現代人相比，亞特蘭提斯人的心魂及精神組成十分不同[4]，我們可以將他們的意識稱為「夢遊狀態」。他們在智力方面尚未發展，還無法做計算與書

4　參見史代納博士的《宇宙記憶：地球和人類的史前史》（*Cosmic Memory: Prehistory of Earth and Man*）一書。

寫，也不存在邏輯推理的能力，但是卻能夠看到靈性世界的許多面向。他們的四肢傳達了非常強烈的意志力，一些如猿猴類的較高等動物，其實是退化後的亞特蘭提斯人。

亞特蘭提斯人的意識一般都是以影像的形式呈現，而這樣的影響，只有在現代人的夢境中才會出現，我們可以從作夢的經驗中，體會當時人們的意識呈現。然而亞特蘭提斯人的影像意識，比我們的夢還要更加精彩與生動，他們也能夠有意識的控制這樣的影像，而不至於造成混亂困擾。現在，我們仍然可以在孩子身上看到類似的意識形態，孩子在玩耍時所用的玩具，會在他的腦海中產生影像。

在雷姆利亞時期[5]，人類剛剛開始形成物質體，而嬰兒誕生的時候，就如同重複人類在雷姆利亞時期的狀態，當物質體正式在地球上形成後，才會開始發展靈性與心魂等更高層次。兒童前七年的發展，就相當於雷姆利亞與亞特蘭提斯時期的人類發展；而換牙期到青春期之間的發展，就相當於後來的人類發展出許多偉大的靈性導師如佛陀（Buddha, 西元前約 563／480－前約 483／400）、柏拉圖（Plato, 西元前 429－前

---

5 【中譯注】傳說中雷姆利亞（Lemuria）大約與亞特蘭提斯在同一時期，都是當時地球上的古文明之一，後來可能因為某種地質災變而沉入海底。

347）、畢達哥拉斯（Pythagoras, 西元前 570－前 495）、愛馬仕（Hermes）、摩西（Moses）、扎拉圖斯特拉（Zarathustra, 西元前？－前583）[6]。在這個時期，靈性世界的影響非常大，從那個時代流傳下來的英雄傳說和故事中，就可以清楚的看到這樣的事實。因此，對這個階段的孩子來說，教學內容必須要傳達早期人類文明的精神，這一點很重要。

7～14 歲的這段時期，對應的是十二世紀以前，也就是「城邦政治的形成」。這時候強調的是權威與社群，孩子必須經驗到那個時代的領導者所擁有的力量和榮耀。因此，學校中最重要且最關鍵的就在老師。**老師的權威對孩子來說，必須是不證自明的，正如同那些偉大心靈導師對於人類心魂的教導，是不證自明的。**

如果孩子開始對老師產生懷疑，這會是很糟的狀況，帶來的傷害很大。孩子必須毫無疑問且毫無保留的尊重與崇敬老師、自然呈現的仁慈與善意如同對孩子的祝福。教學方法和原則並不是最重要的，重要的是老師要有很深刻的心理洞察能力，因此在教師培訓課程中，心理學研究是最重要的課題。老師該關心的不是孩子應該如何發展，而是實際上究

---

6 參見史代納博士的《基督精神作為奧祕的實相與古典的神秘學》（*Christianity as Mystical Fact and the Mysteries of Antiquity*）一書。

竟是如何發展的。

由於每個年齡階段，孩子都有不同的需求，因此我們是無法定下一個每個年紀都能夠通用的原則。對於老師，我們最重視的並不是這個老師對教學方式有多麼理解或精通，而是身為一個老師必須具備的特質，那樣的特質，不需要開口就能讓人感受到。老師必須做到一定程度的內在發展，這並不只是學習，而必須在內在有所轉變。**總有一天，這個社會對老師的要求，將不再是測試老師懂得多少的知識或教學理論，而是要看他們是什麼樣的人。**

學校就是生活的一部分，教學不該只是口中說明，而能讓孩子真正體驗

對孩子來說，學校就是生活的一部分，而生活不應該只是透過老師口中說明，必須讓孩子能夠實際的去實踐。學校必須創造出自己的生活，而不是將學校外的生活拿進來讓孩子體驗。一個人在學校所接受到的教育，必須是未來離開學校後無法學到的事情。

我們必須滋養孩子對圖像以及象徵的概念，而老師必須深刻的意識到這樣的道理——所有短暫存在的，都只是表象。當教師以圖像方式呈

現一個主題時，內心不能認為這只不過是個故事罷了。如果老師能夠完全投入參與孩子的生命，心魂的力量就會從老師流向孩子。老師必須以充滿想像力的圖像講述與自然有關的議題。所有在萬物表象的背後、超越一般感官所能感受的精神，都必須在孩子的內心活躍起來。然而，現代教學方式在這部分，可以說是完全失敗，老師只針對事物的外在表象來向孩子解說。然而，我們要知道，一顆種子所蘊含的，不僅僅是這棵植物的未來，還包含太陽的力量，也包含了整個宇宙的力量。只要孩子在圖像及想像能力獲得良好的滋養，他們對大自然的感受，自然就會被喚醒。當老師在介紹植物的時候，不應該只是拿一棵植物讓孩子看，接著就開始講解關於這棵植物的知識，老師應該要讓孩子將這棵植物畫下來。這樣的學校生活才能孕育出快樂的人，也只有快樂的人才能理解生命的意義。

在算術的時候，也不應該讓孩子使用計算機，而是要用每個人所擁有的「手指頭」作為計算的工具。老師必須能激發孩子強大的精神力量，而自然科學以及數學所帶給孩子的，是思考與記憶；歷史帶給孩子的，是對生命的感受；崇高美感的培養，會讓孩子懂得去愛值得喜愛的東西；而宗教信仰，則是能強化意志力，所有科目的教學，都需要這樣的意志力。確實，孩子無法當下立即吸收我們所給予的一切，每個孩子

都是如此。讓‧保羅談到：「我們必須仔細的聽取孩子真正的聲音，但若想要獲得解釋，就必須看向父母。」在這樣一個物質主義為主流的時代，我們對記憶的培養太少了——孩子必須先學習，之後才能夠理解，接著才能夠了解其中的法則。

在 7～14 歲之間，是非常需要培養美感的時期。透過這樣「對美的感受」，才能理解許多事物的象徵意義。但是，最重要的是——在這個時期不要將抽象概念加諸給孩子，教學的內容應該要與生活息息相關。

我們必須跟孩子訴說大自然存在的靈性，也就是一切事物在感官覺知背後的精神性。**孩子必須能自然的欣賞事物，然後到了青春期後，才能開始學習抽象知識。**我們不用擔心孩子畢業以後會把在學校學到的東西都遺忘了，最重要的是，我們所教給孩子的，未來都會結出果實，並成為他特質的一部分；過去內在曾經經歷過的感受，也都會保留在他們的內心裡，也許細節會逐漸模糊，但是最本質與普遍的概念將一直存在，並持續發展。

沒有宗教信仰為基礎的教育是行不通的，沒有宗教信仰的學校是個假象，即便是海克爾[7]（Ernst Heinrich Philipp August Haeckel, 1834－1919）所著的《宇宙之謎》（*Riddle of the Universe*）一書中，也包含了宗教信仰。任

何理論都不能取代宗教，也不能取代宗教史；具有深刻信念的基本宗教傾向的人，也將能夠傳達宗教信仰。存在這世界的靈性同時也存在於人類中，老師必須能夠感受到自己是從靈性世界接收到這樣的教學任務。

　　有一句話是這麼說的：「**一個人的性格，一半來自學習，而另一半來自生活。**」學校與教育不應該與生活分離，所以我們應該這麼說，當學習與生活融為一體時，就能夠培養一個人的良好性格。

7　【中譯注】德國生物學家、博物學家、哲學家、藝術家，同時也是醫生、教授。他將達爾文的進化論引入德國，並在此基礎上繼續完善人類進化論。

興趣、天賦與兒童教育

從孩子成長的心魂中，看見他們最真實的興趣與天賦

（1910 年 11 月 14 日，於德國紐倫堡）

如果以靈性科學來想像一個孩子，就能夠理解在我們面前這個
活生生、成長中的孩子是一道神聖的謎題。當我們與孩子一起
工作時，就能帶著深深的敬意，想要解出這個謎題。

如果局外人用現在普遍的思維方式，去看靈性科學的思考方式以
及靈性科學的內容時，很自然的，就會得出靈性科學是「憑空
而來的崇高理想」這樣的結論。而這些理想，在局外人眼中可能都會認
為——這只是這些人「自認為」對於自然、心魂與靈性的知識。然後，
他們可能會說：「正因為這樣的理想與理解很美，可以滿足心魂的內在
渴望，所以那些無法被傳統科學說服的人，會相信靈性科學能夠滿足他
們對心魂的渴望。」

如果熟知靈性科學的人所談的，是一般感官可以感知的世界，或者是傳統科學領域的事物，對局外人來說，可能會覺得這些狀態過於夢幻，因為對局外人來說，夢幻的一面是如此顯而易見。然而，對於身處於靈性科學領域中的人，則很容易理解「為何局外人會認為這只是夢幻想像」。有著傳統科學觀點的人，會說他們無法運用靈性科學施行任何事。這一點，其實我們很容易理解。

觀察、追蹤孩子的生命，看見他們真實的天賦與興趣

不過，我們現在先把重點放在對靈性科學有更多了解的人。這些人已經能夠觀察到心魂是如何呈現的，也懂得人類的心魂及靈性實際上到底是什麼。對這樣的人來說，感受又會有所不同。

對靈性科學有更多了解的人，能夠看到傳統世界觀是如何看待人類的任務、目標和價值觀，而又是如何影響了實際生活。對於熟知靈性科學的人來說，物質主義對各種領域文化活動的說法，才是十分夢幻的。比如說，以一個對靈性科學有所研究的人來說，物質主義者對教育的說法，聽起來只是許多口號或陳腔濫調。常常可以聽到一些對教學方向的說法，普遍充斥包裹著糖衣的用語。

大家應該都聽過「我們應該避免填鴨式教育」，或者「我們應該要注重每個個體的獨特性」。然而，如果對人類的個體性沒有正確的理解，除了嘴上說說的口號外，又能做些什麼呢？物質主義與靈性科學完全不同，它是抽象的綜合體，一點也不實際。因此，對靈性科學有所理解的人，必須有所回應。靈性科學不僅要務實，還要努力去看到所有事物的真正基礎，特別是在教育的領域。

如果以靈性科學來想像一個孩子，就能夠理解在我們面前這個活生生成長中的孩子是一道神聖的謎題。當我們與孩子一起工作時，就能帶著深深的敬意，想要解出這個謎題。我們可以感受到，在那個持續成長的心魂中，有著與眼睛所見完全不同的部分，也可以感受到處於發展中的孩子體內，存在著我們所不了解的東西。而這樣的感覺，是正確的。

當我們面對兒童教育的工作時，只有謙虛和敬畏是不夠的；在孩子面前，光有著謙卑也是不夠。如果我只是個靈性科學工作者，這就不是我能夠討論的。然而身為一名老師，我就能夠討論這個部分，因為我已經花了十五年的時間去感受這道神聖的謎題。從現代角度來看，並不認同人類轉世以及新生命重生的輪迴概念。今天，我們只會簡單提到一些輪迴的觀念，也就是我們現在的心魂，是經歷過許多生死輪迴而到今日，而我們只會談到「這一世的生命，是為了讓我們能夠在來世體驗到

這一世的成果」。人們當然可以輕易的以理論來反駁這一點。然而，當你以正確的感受來教學並且看著孩子一年一年成長的心魂時，情況就完全不同了。

　　若你渴望以正確的態度來教學，就會認知到你將影響的這個孩子，是幾千年來發展下的產物。如果從這個角度來思考孩子所做的一切以及你所做的一切，就可以看到教育是能富有成效的。任何了解邏輯論證定律的人都知道，這樣的觀點是不可能透過形式邏輯來證明。但是，如果你從內心去思考這一點，就可以感受到真相。

　　當我們想要了解孩子的心魂是如何發展的時候，確實是個難題。每個人都知道單純的外在事實，然而，若是以法律或父母的角度來定義老師的工作，經常會讓老師產生無能為力的感覺──當被給予的任務與孩子的興趣和天賦互相矛盾時，所產生的挫敗感；如果不去考量孩子的能力，即便盡了最大的努力也無法達到任何成效的感受。從生命經驗中我們可以知道，不僅是在孩子缺乏能力時，同時當我們缺乏理解的時候，就會感到無能為力。我們想要將孩子教好，但是如果教育用不當的方式來進行，當然無法立刻看到效果。

　　然而，如果觀察、追蹤孩子的生命，經常會看到一些很有趣的現

象——孩子常常需要經歷在艱難中掙扎後，天賦與性向才從心魂中顯現。因此，我們可以看到「如果能夠早點看到這一點並給予幫助，就可以避免孩子將來需要經歷的痛苦掙扎」。我們認為有必要把重點放在孩子的天賦與興趣這個難題上，在教學當中，就將這些納入考量。

人們其實非常不了解今天所說的這些基本問題，這是因為以現代的教育概念來看，必定會讓人對此無感。其中的一個教育概念就是「遺傳」，然而，現代教育卻將這個部分的影響看作整體。當談到孩子的能力時，首先會先想到孩子從父母和祖先那裡遺傳了多少？歌德也曾經謙虛的談到這一點，但卻是基於深入的察覺：

> 我有著父親的身材，
>
> 以及對生活嚴謹的態度，
>
> 還有著母親樂觀的個性，
>
> 以及愛說故事的習慣。

接著，在談論一些與遺傳相關的其他議題之後，他以這兩句話作為結束：

> 所以現在孩子身上所有的，

哪些才是他獨有的呢？[1]

後人已經給了部分答案，而未來的好幾世代，也都會繼續回答這個問題。我研究歌德二十幾年了，就讓我來說說歌德的狀況。

歌德的父親是一位令人敬重的法蘭克福議員，他對生活有著嚴謹的態度。如果看看歌德的生活方式，就能夠理解他所說「從父親那裡遺傳而來的嚴謹態度」；如果你看到他的母親關懷生命的態度以及與人交往的方式，你也一定能了解歌德想表達「從母親那裡遺傳而來的性格」。如果將這些遺傳而來的性格融合在一起，會有什麼結果？如果把它們放在一起並仔細去思考，會發現這樣融合後的結果，是無法遺傳的。歌德本身是無法遺傳的，就連將父母雙方的特質引導進入歌德，並讓他將這些特質呈現出來的那股力量，也是無法遺傳的，而這在每個人的身上都一樣。

如果將一切都歸功於遺傳，而不去考量到個體發展，就會停滯不前。因此，如果能夠客觀的去思考生命，就會發現這一切並不是那麼簡單。也就是說，那些從祖先那裡遺傳而來的特質、表象所見的，以及個體之間的關係，是什麼？

1　摘自歌德著作《溫和的警世語》（*Zahme Xenien*）第六卷第 32 首詩。

跳脫「遺傳」的限制，看見孩子本身獨特的樣貌

　　靈性科學並不否認遺傳的特質，但是看待遺傳的方式卻大不相同。當然，你在任何地方都能夠看到「遺傳」的影子；也有人認為，當一個人的身上出現了在祖先身上無法找到的特質時，仍然可以將這些特質歸功於遺傳，因為這些能力，很可能在祖先的身上就已經存在，只是尚未被開發而已。這樣的說法經常出現，也經常受到反駁。而這麼說的人，對於「天賦」只有很模糊的概念，其實這樣的說法是很不切實際的，因為他們僅僅編造出對一切事物的解釋。在我看來，這樣的說法就和說：「每塊磚塊，都有可能會打到人的頭。」一樣，只是為了要給一個說法而已。

　　一個能夠務實思考的人，絕不會用這樣的方式談論天賦。**真正的教育工作，必須將遺傳與非遺傳的因子加以區分。**以動物界為例，我們可以勾勒出遺傳的圖像：一顆雞蛋中隱藏了成為一隻雞的種子，但是需要來自外部的熱能。可見，「熱能」是長成一隻雞的基本元素，然而這個元素並不存在於雞蛋內部。如果只做膚淺的觀察，就會認為這個「熱能」也能夠遺傳，因此當我們在談人類時，必須承認有一些東西是無法遺傳的。想一想我們稱之為「本能」的東西，這個部分毫無疑問的，是

一出生就有的，所以我們會認為這是遺傳而來。動物是整個物種的一部分，會承繼該物種的所有特質，例如求生技能，而動物在這方面的技能遠遠超過人類。在這方面，人類確實不如動物。

習慣謙虛說話的人，自然就會有謙卑的觀念；而那些自豪的人，也自然會有驕傲的觀念，這樣的人通常也會認為動物比人類要低等。但是，這並不是絕對正確的。例如，我們都可以從歷史資料中看到「人類花了多久的時間才有製作紙張的能力」；然而，黃蜂早就有這樣的能力了。如果研究動物界，我們就可以看到那些「表面上看起來很有智慧的行為，是如何從簡單的本能發展出來」。但是，我們不能就這樣認定人類不如動物來得聰明。

人類的某些東西，是無法透過遺傳得到的。如果我們說：「黃蜂構建蜂巢的能力，是遺傳而來的。」我想大家都會同意；然而，一個被獨自留在荒島的孩子，毫無疑問的，永遠無法獲得語言能力或發展自我意識。人類的語言和自我意識，無法透過遺傳而傳承，遺傳並不包含這些能力，人們總得從頭學起。因此，即便是透過膚淺的觀察，也可以看到我們無法以「與動物界相同的方式」說明這些對人類十分重要的事情。另一方面，又有誰能夠否認人類有遺傳的存在？當叔本華（Arthur Schopenhauer, 1788－1860）說他從母親那裡遺傳了體貼的個性，從父親那

遺傳了堅強的意志力，這樣的說法又有誰會否認呢？這樣的說法，確實有一些重要而真實的地方，即便這樣的表達有些奇怪。事實上，我們可以看到人類確實是帶著遺傳的特質來到世上，而老師的任務就是要將那些遺傳特質與非遺傳特質加以區分，而這樣的過程必須依靠經驗。可能有些人雖然同意我們所說的「語言和自我意識無法從遺傳中獲得」，但仍然認為沒有從教育區分的必要，相信一切都會自然發展。當一個人出生在某個語言地區時，他自然就能夠學會當地的語言。

是否還有其他非遺傳的特質呢？我們必須從人類本質更深層次的源頭找起。要將遺傳與非遺傳而來的特質與天賦區分並不容易，知名的音樂世家──巴哈家族，一共出了七位音樂家，這顯然就是遺傳而來。儘管如此，務實的看待教育的人一定會了解，除了將屬於個人的特質與遺傳而來的特質加以區分外，別無他法，我們必須非常清楚遺傳所扮演的角色。

我們可以看到，當孩子出生後，會有某方面比較像父親，而某方面比較像母親，我們會在孩子身上看到來自父親與母親的特質。能夠客觀觀察生命的人很快就會發現，從父親而來的特質，與從母親而來的特質，實際上是有所差異的。當然，這些特質在孩子身上會融合在一起，但是我們仍然可以分得出「哪些是來自母親，而哪些是來自父親」。當

我們更仔細觀察，這兩個因素的分佈就會變得清楚。我們可以看到，與智力與理性相關的能力，大多從母親那邊遺傳而來；而性格、力量與生活能力這些與意志力相關的能力，無論是兒子還是女兒，大多是從父親那邊遺傳而來。請大家注意，我並不是說孩子的智力是從母親的智力遺傳而來，而是說孩子的智力特質與母親有關，而孩子的堅定意志，則是和父親個性的本質有關。

如果更詳細的觀察，也會很快發現到「父母生命過程的不同，也會讓孩子的生活本質有所差異」，特別是這個孩子是在父母結婚後就出生，還是結婚好幾年後才出生。所以，老師可以從這個孩子是在父母結婚後何時出生，看到孩子與父母關係的不同。許多觀察顯示，當父母結婚好幾年後才出生的孩子，由於父母已經累積了一些工作經驗，因此父母親的特質對孩子的影響更強烈，我們可以很清楚的在孩子身上看到父母的影子。而這樣的孩子，智力更具靈活度，個性上也更加的堅決。從這個角度來看遺傳對孩子的影響，是很有趣的。

在物質世界中，遺傳是前段的過程。什麼是遺傳？遺傳的特質是「物質身體真實的一部分」。如果說智力的特質是遺傳而來的，那麼我們必須說這和物質身體的大腦有關。既然我們得到了這樣的身體器官，我們當然能夠表現出遺傳的特質。我們繼承了器官的所有細節，也必須

接受它們。如此，我們可以解釋：「既然我們承繼了這些器官，我們對這些器官就有依賴性。」做一個粗略的比較：如果出生時只有一隻手，你就會注意到你有多依賴這隻手。從本質上來講，每當我們談論遺傳時，談論的始終是物質體。**務實觀察生命後就能夠看到我們存在的核心，如果將一切認為是遺傳而來，就無法真正的理解它。**孩子一出生就具有一定的靈活理性智力，我們可以知道這是從母親而來的；接著我們再看看父親，就可以從中觀察到孩子的性格。

對教育工作者來說，最重要的教育方法，是根據孩子自身特殊性發展

然而，對於老師來說，最重要的仍然是孩子本身的特殊性，當我們能夠讓這樣的特殊性與遺傳特質相互協調時，教育才是成功的。

孩子的理性發展方式，可以追溯到母親身上，但是當這樣的理性特質導向生命特殊領域時，就與母親無關了。有些母親的特質可能較傾向音樂方面，而另一位母親則是傾向於數學。如果將智力引導到各種領域，會是很大的錯誤。**智力特質是遺傳的，然而不論何種天賦，智力發展的方向卻無法遺傳**，儘管這些都包含在智力中。因此，作為教師，我

們的任務是看看母親，並且理解智力的靈活性，例如，為什麼這個孩子的思考速度較慢或十分快速；但我們也必須認識到孩子的性向，傾向於這個或那個領域。

同樣的，我們可以清楚看到孩子從父親那裡遺傳了不同方面的特質。當我們看到孩子的父親時，就可以理解孩子堅定的個性和堅決的意志力，是怎麼來的。然而，從孩子自身核心發展出來的興趣與性向，就不是那麼容易理解的事情了。我們在孩子身上可以看到他對某方面事情特別感興趣，而另一個孩子則會對不同領域感興趣。每個孩子都有他特別的地方。

要成為一個明智的老師，我們必須自問一個問題：「母親的理性特質以及父親的性格特徵，在孩子身上如何呈現？」如果給孩子適當的教育，就必須認識孩子特質中的興趣以及智力發展方向。這一點很容易被混淆，也就是為什麼父親對於特別像他的孩子，反而會覺得教養很困難；同樣的，當這孩子特別像母親，母親在教養時也會感到特別困難。

特別像父親的孩子，對母親來說教養上會比較輕鬆；而像母親的孩子，則對父親來說教養上比較輕鬆。像父親的孩子，就會有父親的意志動力，然而父親卻無法將他的興趣喜好傳給孩子，因為孩子的才能是受

到母親的影響，因此父親反而較不容易了解這樣的孩子。孩子會因而與父親的個性產生摩擦，而母親卻能夠照顧到孩子的才能。相反的，當孩子像母親時，母親很難以父親的方式去照顧到孩子的興趣。黃金法則是：**才能在平靜中形成，而性格則是在匆忙的世界形成！才能在母親的愛護中發展，而性格則是在父親堅定的保護中發展。**

通常，我們不太會遇到同時遺傳到父母親混和特質的人。一般來說，都會看到父親或母親某一方在孩子的特質上有主要影響力。從這裡就可以看到一個非常重要的教學原則：如果母親的因素較大，通常可以看到孩子有多麼像母親，並且可以容易的猜出他的特殊才能；然而由於父親的因素較小，要找到孩子從父親那邊所遺傳來的興趣，就更困難了。在這種情況下，老師必須看看哪一方面的遺傳沒有完成。我們必須更仔細的觀察父親，看看他的個性是隨和或頑固，才能幫助孩子發展被壓抑的遺傳特質。如果我們將注意力轉向另一方，就能做到這一點。

我們很快就會發現孩子的才能和能力，而對於沒有得到遺傳的部分，就必須透過教育來實現。老師應該怎麼做？在這裡，我們有一些非常重要的東西：當老師看到孩子可能從父親那裡遺傳而來，卻不太顯著的部分，就必須努力引導孩子這方面的才能；孩子的注意力必須被引導到與他的才能相符的工作和活動上。才能必須要被外在物體所吸引。像

母親的孩子必須習慣處於與自身才能一致的環境當中，他們的注意力才能被引導到這方向。我們不能因為孩子有興趣，就讓他們自己順著興趣去走。

假設一個孩子特別像父親。這個狀況下反而很難看出他的才能是什麼。但是，孩子的興趣則會透過意志明確表現出來，而興趣就在孩子強烈的慾望之中。這時我們就要特別小心，不能只是依照孩子的興趣，認為這就是孩子的才能所在。這種情況下，我們必須以適當的方式仔細探究孩子的興趣。如果在孩子沒有才能的部分培養他的興趣，反而會傷害孩子。當這樣的興趣無法相呼應才能時，心魂會產生抵抗，如果持續這個狀況，就會影響孩子的身體健康並干擾體內的神經系統。

從許多案例都能夠看到：「人們不了解如何讓興趣與才能達到協調。」我們透過觀察會發現，有時候孩子雖然在某方面表現出高度興趣，卻遭遇到許多困難；另一方面，也會觀察到有些孩子表現出來的興趣帶給他的是更深入的學習。大家很少會去注意這一點，但是我們應該仔細去分辨。

此外，作為一名老師，必須避免將孩子引導到「會導致困難的興趣」，當你能夠了解父母親的特質，就更能夠做到這一點。接著，你必

須挖掘孩子從父母親身上所擷取的遺傳特質後，經由自身產生的特質。因此，我們可以說：「**教育必須建立在認識的基礎上，而不只是『快樂學習』或『考量個體性』等等口號。**」如果老師完全不了解孩子的興趣在哪裡，要如何讓孩子愉快的學習？如果老師不知道要如何發掘孩子獨有的特質，又能如何強調孩子的個體性？

我們必須在社群中養育孩子，讓文化在他們的身上扎根

然而，以上這些只是教育的其中一個面向。人們來到這個世界不只是為了他們自己，也是為了全體人類。我們不能單純的只是接受孩子身上所呈現的東西。老師很快就會發現，這之間存在著一種互補關係，在靈性科學中我們稱之為「業力」（karma）。

你會發現，每個人都會生長在能夠有所發揮的地方。雪絨花不是生長在平原上，而是在山頂上。**萬物都是依著自己的特質成長，若將任何事物放在不屬於它的地方，就無法成長茁壯**。這和人類的本質是一樣的，需要依著每個人的特質成長，一切都會比我們想像的更和諧。因此，孩子的才能就要看看母親，而孩子的興趣就要看看父親，這樣孩子

才能夠和諧的成長。

除此之外，還有一個很重要的面向也要一併考量進去，因為人類社會存在這樣的事實：「一個人所說的，不是個人的語言，而是他出生的那個區域的語言。」也就是說，語言學習需要仰賴周遭的人。因此，這個社群的整體思維及感覺的方式，將透過語言深入到每個人的心魂之中。這是可以粗略觀察到的。

我們將來自法蘭克尼亞的人以及來自西普魯士[2]這兩個區域的人的心魂做比較，仔細觀察他們，就能夠看到語言如何影響來自不同區域的人的思維和感受方式。一切都是如此，每個人都是依照各自不同的特質，出生在不同的地方。因此，**如果想要有意識的進行教育，就必須知道「不能把教學對象完全當作針對單獨個體進行教學」**。正如我們無法為每個孩子提供「只屬於他們個人的語言」，我們也無法特別為每個孩子做「只屬於他們個人的事情」。

人類有群居性，所以會去適應現有的文化。我們必須在社群中養育孩子，讓文化在他們的身上扎根。當我們看清楚這一點時，就可以認知

---

2 法蘭克尼亞及西普魯士，是位於德國的兩個不同區域，這樣的比喻就如同將生長在台北的人以及生長在屏東的人做比較。

到我們是無力去抵抗這些因素的。

　　如果看看孩子的才能，然後再看看生活的需求，似乎不可能讓這一切都能互相協調。讓我們看看不同成長過程的兩個孩子：其中一個孩子出生在某一個區域，並學習在這個區域中的特定語言。他就在這個語言環境中成長，這個語言成了這個孩子心魂的一部分，成為人類最內在的一部分。思考過語言與人類本質之間關係的人都知道，人們在語言當中學習到的，除了邏輯推理能力外，還有透過感受來推論的能力。例如，「a」或「u」在語言當中的發音方式，對心魂的感受能力就有很大的影響，因為語言是感受與感知能力的骨架；而另一個孩子，基於某種原因，出生後還來不及學習自己的母語時，就開始學習另一種語言。

　　將這個孩子與前面那個完全融入母語的孩子做比較就會發現：前面那個孩子，不僅可以用母語來思考，而且孩子也學會了身處在母語之中。然而，你會發現後面那個孩子，心魂生命會呈現較不穩定、不穩固的狀態。當語言成為心魂的骨架時，會讓這個孩子的本質更加健全。當語言只是「附著在」心魂上，就會讓心魂呈現較為浮動而不穩定的狀態。因此，以後述方式發展的孩子，心魂會更容易感到焦躁，無法和生活中的外在影響和諧的相互作用。

回溯孩子過去的經驗，可以讓老師的教學更有力

　　語言讓我們了解到「教育原則必須將未來可能的生命發展，和孩子幼年時期發生的事物連結起來」，這一點很重要。教育若有任何不一致的地方，都會對心魂生命產生嚴重傷害。如果我們無法以幼年經驗為基礎來教育孩子時，對心魂會造成最大的傷害。相反的，若我們能夠有意識的將它們連結在一起，就會有很美妙的效果。

　　對一些個性較軟弱的孩子，如果能夠經常和他們坐下來、在不經意之中和他們談論三年前所發生的事情，你會發現這比針對當下發生的事情，更容易糾正孩子的行為。你可以利用孩子對過去發生事件的記憶，強化孩子的性格。如果事情發生當下還在氣頭上時，想要以處罰或控制的方式來糾正孩子的行為，就會犯下重大錯誤。因為當事情剛發生時，很容易犯下錯誤。生活中一定會有衝突，人們也一定會犯錯，但是，我們可以糾正、改進這樣的錯誤。當有必要糾正孩子的行為時，請與孩子坐下來、一起談論過去所發生的不當行為，因為這時候的孩子，對過去那件事情的強烈感受已經過去了。和思考與記憶的運作方式完全不同，強烈的感受會漸漸變淡，這時，就可以客觀討論之前發生的事情。**經常用這樣的方式處理、不斷提醒孩子「檢視過去所發生事情的記憶」，就**

越能夠培養他們健全的性格。而這些簡單的法則，只是透過客觀觀察得來的。

當然，我們會需要一種靈性科學的觀點，才能將各個單獨發生的事件串聯在一起。這麼一來，才能夠了解這些事件並得出重要的結論。我們不能只看一個單一事件或個體，而是要以整體來看，然後我們必須著眼於創造個人特質與人類群體特質之間的和諧。當你回溯過去發生的事，較能夠以同情的感受去看待。比如說：你可能會發現，處理孩子自私和以群體利益為考量之間，很難達到協調，但是如果回溯過去發生過的事件，可能就會注意到有些事情，其實可以讓孩子一起參與。

老師必須將早期經驗與後來發生的事情做協調、小心透過處理過去的事件，讓孩子的個體性能夠與全體人類的需求達到平衡。**越是能夠回溯孩子過去的經驗，教學就越有力量**。這就是老師所應該要尋找、最有利的教育方式。

我們千萬不能讓孩子無法發展顯而易見的才能，也不該讓孩子持續處在與周遭環境衝突的狀況，這會傷害到孩子的健康。**當一個人的才能與興趣被壓抑，會導致孩子在未來擁有不健康的心魂。不讓孩子發展他的興趣，就是違背健全發展**。我們也不能忽視孩子需要適應周遭環境這

件事，否則孩子的心魂和生命需求之間，會產生很大的矛盾，也會讓孩子無法滿足於自己的生活。理解人類心魂的人知道，那些說生命有多麼困難的人，其實是因為他們的才能與興趣沒有得到適當的發展，也因此讓他們無法找到適合自己的生活方式，因而對生命感到不滿意。

現在，你可能會輕鬆的說：「剛剛所說，這些與內在心魂特質有關的事情，都能夠在智力和意志中找得到。」然而，這對老師來說，卻是非常重要的事情，因為這些所呈現出來的是心魂的本質，這正是老師可以造成孩子很大災難的地方。這又是怎麼說呢？

在孩童時期就要能夠發展他們的興趣和才能，孩子的理性思考才能夠靈活，當孩子到了 30 歲的時候，仍然能夠維持靈巧的雙手和手指。許多人在 30 歲時的笨拙，可以追溯到 7 歲的時候，沒有讓他學習到靈活的思考。如果不培養孩子對事物的興趣，他們對這個世界會缺乏參與感，表現出來的，就是對各種實際責任的漠不關心。我們必須意識到「人性的核心就是從這些特質與能力中表現出來的」。

個別化的遊戲，才能讓孩子產生內心的力量

靈性科學家都會建議讓孩子遊戲，但是孩子為什麼會想要遊戲，又

為什麼應該要讓孩子遊戲呢？我想，在這裡談談孩子長大以後的生活。

你們一定都知道「疲倦」是在生活中經常發生的事情。但是，疲倦又是怎麼出現的呢？你應該也會聽到：「疲倦經常是在晚上，當肌肉被過度使用的時候，自然會呈現疲累的狀態。」這樣的說法是正確的嗎？如果真的是如此，那麼我們就要問：「心臟的肌肉無時無刻、不斷的在工作，會有多麼的疲憊？肯定需要休息。」所以說，肌肉的本質是不會疲憊的，肌肉總是在做需要做的事，是不會累的。

外在活動並不會影響到心臟的肌肉，只有當肌肉在進行與外在世界有關的事情，也就是與意識活動有關的事情，才會出現疲勞現象。當外在世界的需求與肌肉之間不協調時，就會讓肌肉出現疲倦現象。也就是說，**疲倦起因於我們的內在構造與外在世界之間的不協調。出現疲倦，表示外在與內在世界存在著某種矛盾。**你必須意識到，人類文化進步的過程，不僅是依照個人組成的法則運行。

人類心魂的本質，不僅是要保存我們的物種，也是為了要走向心魂和靈性的發展。這裡就有兩個方向：進步（progress）以及有機結構（organic structure）。

永恆法則中，人們必須更注重在靈性法則而不是自然法則。對這件

事有所理解的人不會有所抱怨，他們能夠理解達到平衡的必要性。我們必須為生命做好健康的準備，才能夠以雙手來做事、用大腦來思考。在一個特定的時期，只有當我們不在乎外部世界的影響、只進行滿足內在的事情時，才能夠創造出這樣的平衡。

透過遊戲，滿足了人類本性的需求。如果能夠讓所有遊戲個人化，對孩子來說是最好的，這樣的遊戲方式會讓孩子產生內在的力量；如果連遊戲都幫孩子安排好了，肯定會看到後果。

現代社會，一切都希望標準化。現代人甚至不認為每個人的衣服都應該客製化。以現代社會的文化趨勢來看，即便是最崇拜尼采（Friedrich Wilhelm Nietzsche, 1844－1900）的追隨者，也認為應該要被餵養相同的食物[3]。**我們不應該以標準化的方式來撫養孩子，特別是在遊戲方面，必須讓孩子的遊戲能夠個別化。**我們必須特別去注意每個孩子的才能和興趣，否則就是我們的失職。身為一個老師，必須相信最重要的是孩子的靈性，而不是身體肌肉必須強壯，才有足夠的力量不受到磨損。我們必須要讓靈性與心魂能夠獨立在遊戲中，才能避免受到物質的影響。因此，在遊戲中，孩子能夠不受外部世界疲憊的影響。如果我們不相信孩

3　德國哲學家尼采的核心思想，是極端的個人主義。

子的內在都有一個自由的心魂，教學就不會有成效。

然而，如果真實的用這樣的方式工作，就會看到一些重要的東西。你會發現，在幼年時代，我們必須避免給孩子關於這世界的粗糙物質定律。當你越早在孩子身上施行這樣的原則，就越早把孩子帶到「遊戲不再是自由活動」的狀態。**孩子需要的是能夠全心投入的現實，所以他們不必成為外在世界的奴隸。這就是為什麼，我們應該要和孩子講許多能夠進入他們心魂的童話以及神話故事。**透過這種方式，你可以創造真正讓心魂自由的真實內在。以前的人會依本能做出這樣的行為，然而在我們這個時代，必須要非常有意識，才能夠做得到。

當愛與內在發展連結，
讓我們有足夠的能力以適當的方式思考生命

現在，可能有人會問：「老師要如何辨認出孩子的特殊才能？」這真的沒有那麼困難。正如我所提到更全面的方式：老師的基本特質之一，必須謙卑的面對在他面前努力將自己釋放出來的個體。如果我們能夠謙卑的面對這個已經發展數千年的人類需要我們的幫助、讓他更進一步發展，就能夠感受心魂所背負的生命責任，這樣的態度是一種特質與天賦。

老師常常不知道「為什麼他們所做的，是正確的事情」，而孩子會自己說他們需要什麼。在教育的一途，最重要的就是當我們學會去愛那個剛剛開始發展特質的孩子，就會看到這種愛對靈性起了什麼作用。在外在世界中，愛往往是盲目的。然而，**當我們將愛與內在發展連結起來時，就能夠將心魂開啟。在這愛的背後，存在著一種更為強大的信念，讓我們有足夠的能力以適當的方式思考生命，並讓我們能夠看到人類身處在靈性和感知的生命世界。**

作為老師，我們的任務是要建立這兩者之間的連結。我們在孩子身上能夠看到靈性來到人世間，並且與人的物質體相結合。當我們看到這一點、看到靈性如何與孩子的物質體結合時，教學就能夠表達對生命真正的信念如下：

豐富的物質，

從神祕宇宙深處衝擊人類的感官；

清晰的靈性之光，

從宇宙的高處湧入靈魂的深處。

它們在人類身上結合，

創造出充分而實際的智慧。

附錄
重要詞彙中英對照表

重要英文詞彙	中文譯名
Anthroposophy	人智學
Body	身體
Etheric / Ether	乙太
Feeling	情感
Human I/Ego	自我
Intellectual Soul	理智心魂
Karma	業力
Life-self / Life-spirit	生命靈
Life-body / Etheric Body	生命體（又稱乙太體）
Metabolic-limb Organism	新陳代謝系統
Nerve-sense Organism	神經感知系統
Physical Body	物質體
Quaternity of Human Nature	四位一體的人類本質
Rhythmic Organism	節奏規律運行系統
Sense-organ	感知器官

Sentient Soul	感知心魂
Sentient / Sensation / Astral Body	感知體（又稱知覺體、星芒體）
Soul	心魂
Soul Nature	靈質
Spirit	靈性
Spirit-body	精神體
Spirit-human Being	靈人
Spirit-self	靈性自我
Spiritual Soul	靈性心魂
Spiritual Substance	精神體
Theosophy	神智學
Thinking	思考
Will Organs	意志力器官
Willing	意志

華德福全人教育系列 經典圖書

根據孩子的能力發展，用最貼近自然的方式，提供最豐富、完整的感官教育

《給彩虹橋上孩子的見面禮》

芭芭拉・派特森・潘美拉・包德利／著；周芸青／譯

★0～7歲華德福教養入門書

★美國年度親子媒體獎（iParenting Media Award）

把握教養黃金期，7歲前教好了，不用擔心將來會變壞；善用華德福3個簡單教養法則，養出健康快樂的孩子。

資深華德福教師，以自己多年的觀察和見解，用淺顯易懂的語言寫成這本給華德福家長的入門書，簡單實用的方法，把握 0～7 歲的教養黃金時期，讓孩子成為擁有健康身心靈的生命。

《地球上的天堂（華德福教育100周年紀念增訂版）》
華德福幼兒教育經典入門書，全方位感官教育發展

夏莉法・奧本海默／著；華德福資深教師 徐明佑／譯

★0～6歲全方位感官成長實戰手冊

★九大章節，全方位概念詳解，華德福生活實用指南

「感官教育」影響著孩子一生的成長，從幼年到老年，健全的感官就是我們的學習基礎──視覺、聽覺、味覺、嗅覺、觸覺。整本書透過最詳盡的解說，從每天到每週的生活作息，並且加入每一季該如何與孩子一同慶祝節日、生日……從大自然給予的教養直覺中，給孩子最豐富、完整的感官教育，培養影響孩子一生的成長基礎。

《所有你想知道關於華德福教育的事》

南茜・福斯特／著；何重本／譯

這所學校不用考試，沒有成績單，孩子在這裡接觸的是自然的素材，期望能在童年時期開發所有的感官，回歸天然的純真。究竟華德福教育有什麼魅力？能在全球近百個國家成立 4000 所學校！本書集結了家長對華德福學校的問題，由資深教師歷經數年編纂而成。透過詳盡回答這些問題，清楚描繪出華德福教育的圖像，我們可以體會到更大範圍的愛的力量、教養的力量，以及成就一個人生命的完整。

《走進華德福繪畫的世界》

菲雅・亞福克／著；楊婷湞／譯

資深華德福教師菲雅・亞福克結合30年的教學經驗，傳達出繪畫的理念及本質。本書介紹了繪製的過程中常用的蠟塊使用技巧，也介紹了具有暈染特質的水彩顏料，以及逐漸風行的植物染料運用；是本豐富實用的「玩色美學」！

《在家也能華德福》

Crayonhouse編輯部／著；張凌虛／譯

★華德福生活教育入門書，回歸簡樸自然的生活方式
★溫暖、清晰的華德福家庭教育心得
★收錄台灣華德福家庭親身實證，給孩子最穩定、豐富的感官童年
★全彩圖解，閱讀更加清晰簡單

　　華德福不只是一種新興的教育模式，更是一種回歸自然的生活方式。不只是在學校要養成，在家也要延續，才能給孩子連貫的教育。本書邀請多位日本華德福家長、教師，以最真實的案例，提供家長簡單、容易執行的華德福居家生活方式。書中更附有台灣華德福家庭親身實證心得，讓你看見「在家華德福」，孩子所呈現穩定、平和的生活過程。

《做點心也可以很華德福》

陣田靖子／著；岩切澪／譯

★健康、天然的食材，給孩子好吃、營養、有活力的一週點心
★華德福家庭必備點心食譜，讓你不再煩惱每天的點心時間

　　本書作者陣田靖子，長年參加「歌德」、「史代納博士」研究。作者融入華德福教育創辦人魯道夫‧史代納博士對健康的理論，利用一週七天的穀物點心，給孩子好吃、健康、有活力的營養餐點。

《為孩子做幸福的玩具》

菲雅‧亞福克／著；王慧琦、廖浚廷／譯

★用自製玩具讓孩子找回生命中的尊重與愛，讓童年更加豐滿
★質樸的玩具，培養孩子創造力、想像力；加強手眼協調、讓腦部充分發展

　　玩具的紋理將直接接觸到孩子稚嫩的皮膚，有助於發展觸覺感官；天然材質製成的玩具，會散發出自然的香味，增進嗅覺的發達。這些玩具都是渾然天成的老師，默默扮演啟蒙與教導的任務。本書提供超過100種玩具的做法，附有絕對不會失敗的模型，即便親手做的玩具不是很完美，但仍會讓孩子愛不釋手！

《天文與地理》

查爾斯‧科瓦奇／著；王乃立／譯

　　我們都知道，地球歷經了千百萬年的活動，才變成現在這樣。但是，要怎麼知道那些活動的歷程呢？山，會告訴我們。山不會說話，但是山上的岩石種類、分布以及磨損的痕跡，都可以告訴我們，它曾經接受過哪些考驗。

　　不論是石頭、山脈、河川、星空，都有自己的故事。只要我們願意仔細去觀察、解讀，就能發現它們曾經的經歷。作者查爾斯‧科瓦奇使用擬人化的簡易敘述方式，從我們身邊常見的岩石、高山、星星開始，讓我們重新認識地球。

note

note

note

RUDOLF STEINER

RUDOLF STEINER